ALS EXPERTE AUTOR WERDEN

WIE DU DEIN EXPERTENWISSEN ZUM BESTSELLER MACHST

ROMAN KMENTA

VoV media

Impressum

1. Auflage 02/2023

Umschlaggestaltung: Monika Stern / sternloscreative
Layout: VoV media
Illustration: VoV media
Lektorat/Korrektorat: VoV media
Bild Cover: Schörg / Baden bei Wien

ISBN Taschenbuch: 978-3-903845-51-0
ISBN Hardcover: 978-3-903845-50-3
ISBN E-Book: 978-3-903845-61-9

Verlag: VoV media – www.voice-of-value.com

Die Publikation und Verbreitung erfolgen im Auftrag des Verlags, zu erreichen unter: tredition GmbH, Abteilung "Impressumservice", An der Strusbek 10, 22926 Ahrensburg, Deutschland.

INHALTSVERZEICHNIS

VORWORT

„Ich bin da irgendwie reingerutscht.“ Das wäre wohl die ehrliche Antwort auf die Frage „Roman, wie kommt es, dass du so viele Bücher geschrieben hast?“ Da war kein strategischer Plan dahinter – zumindest nicht zu Beginn. Wie so oft im Leben kam eines zum anderen, wobei der Zufall auch eine gewisse Rolle gespielt hat.

Und jetzt bin ich mittendrin im Buchgeschäft, das in den letzten paar Jahren zu einem nicht unerheblichen Teil meines gesamten Geschäftes geworden ist. Darüber hinaus haben sich meine Bücher äußerst positiv auf mein Geschäft als Berater, Keynote-Speaker und Trainer ausgewirkt. Ich bin sogar offiziell Verleger. Und in diesen Tagen, in denen ich diese Zeilen schreibe, geht das Jahr rasant in die Schlussrunde und ich frage mich, wo es mit meiner Buchschreiberei hingehen wird. Du weißt ja, Planung für das nächste Jahr und so.

Irgendwohin wird es gehen, denn ich schreibe viel zu gerne, als dass ich es bleiben lassen könnte oder wollte. Und falls du dir jetzt schon denkst: „Ja, das Schreiben, das ist genau das, was noch zwischen mir und meinem ersten (oder auch nächsten) Buch steht – das Schreiben ist zwar ein wichtiger, aber nur ein Erfolgsfaktor für ein Buchprojekt. Der andere wesentliche Faktor, das Vermarkten meiner Bücher, macht mir – im Gegensatz zu vielen anderen Autoren – mindestens genauso viel Spaß wie das Schreiben selbst. Ich denke gerade sehr viel über andere Wege nach, meine Inhalte an die Leserinnen und Leser zu bringen – also an dich.

Mir kommt es seltsam vor, dass du mir, was die Inhalte dieses Buches angeht, zeitlich voraus bist. Während ich diese gerade in meine Tastatur tippe, hältst du schon das fertige Buch in den Händen – eine Art Zeitreisephänomen könnte man sagen!?

Übrigens, da dies ein sehr persönliches Buch sein soll, schreibe ich es im vertraulichen Du, da mir diese Ausdrucksform für so ein Buch angebracht erscheint. Ich hoffe, das ist in Ordnung für dich. Ebenso hoffe ich, dass es in Ordnung ist, dass ich nicht auf Biegen und Brechen gendere. Die Sprache ist mir viel zu wichtig, als dass ich ihre gewaltsame Verunstaltung übers Herz bringen würde.

Immer öfter wurde ich in den letzten Monaten um Rat gefragt, wenn es darum ging, Bücher zu schreiben und vielmehr noch darum, Bücher zu publizieren. So entstand auch die Idee zu diesem Buch. Allerdings soll es kein klassischer Ratgeber sein, der dich durch den Dschungel des Schreibens und Publizierens von Büchern führt. Das wäre Stoff für mehrere Bücher, von denen ich auch nicht alle selbst schreiben könnte.

Vielmehr wendet sich dieses Buch an alle diejenigen, die sich mit dem Gedanken beschäftigen, ein Buch zu schreiben und sich mit den grundlegenden Fragen und Entscheidungen, die damit zusammenhängen, herumschlagen.

- Soll ich ein Buch schreiben? Was bringt mir das in meiner Tätigkeit?
- Worüber soll ich denn mein Buch bloß schreiben und wie gliedere ich es?
- Schaffe ich es überhaupt, ein Buch zu schreiben?
- Wann und wie finde ich die Zeit, ein ganzes Buch zu schreiben?

- Soll ich es selbst veröffentlichen oder mir doch lieber einen Verlag suchen?
- Und wenn im Eigenverlag (oder Selfpublishing, wie es so schön heißt), wie geht das denn?

Dieses Buch hat das Ziel, dir diese grundlegenden Fragen zu beantworten. Und wenn du dich danach entscheidest, dein Buch gemeinsam mit einem Verlag zu publizieren, wünsche ich dir sehr viel Erfolg dabei. Solltest du aber wie ich der Meinung sein, dass es viel mehr Vorteile bringt, dein Buch selbst zu publizieren, dann wirst du in diesem Buch einen guten Überblick darüber erhalten, was das eigentlich bedeutet und welche die wichtigsten Schritte eines solchen Projektes sind.

Und ja, das sind einige. Von der Buchidee bis zu einer gelungenen Veröffentlichung, einem erfolgreichen Launch – was für diesen Prozess der bessere Ausdruck ist – ist durchaus ein komplexes Projekt. Und der Launch ist erst der Start deines erfolgreichen Expertenbuches. Schließlich soll dein Buch ja richtig tolle Arbeit für dein Geschäft leisten, als erstklassiger Verkäufer für dich tätig sein und da gibt es einiges zu berücksichtigen.

Doch lass dich davon nicht abschrecken, viele der einzelnen Schritte sind auch sehr klein und ich habe Programme und Hilfestellungen aller Art für dich – wenn du diesen Weg gehen willst –, die dich Schritt für Schritt sicher zum Ziel deines eigenen Expertenbuches führen. Dazu noch eine Anmerkung: Dieses Buch ist eines, wie du es – für deinen Themenbereich – auch schreiben könntest bzw. solltest. Es soll für dich viele wertvolle Inhalte zu einem enorm guten Preis-Leistungs-Verhältnis liefern. Für mich soll es als Verkäufer tätig sein, um die Programme und Tools, mit denen ich dich gerne unterstütze, zu erklären und nahezubringen. Das bedeutet, ich werde im Laufe des Buches immer wieder auf das eine oder andere Angebot hinweisen.

Ich sage das deshalb auch so offen, weil es für dich und dein Expertenbuch gleichzeitig ein gutes Praxisbeispiel darstellt.

Ich werde dir sehr konkret von meinen Lernerfahrungen und auch von meinen Zahlen, Daten und Fakten berichten. Dabei wirst du einen tiefen Einblick in meine eigene Geschichte erhalten, was das Bücherschreiben angeht und in meine Gedankenwelt zu dem einen oder anderen Thema eintauchen, das angehende Autoren beschäftigt – offen und größtenteils ungefiltert, sofern das möglich ist.

Ich bin überzeugt, dass du dadurch sehr viel mehr über die grundlegend wichtigen Dinge für dein Buchprojekt erfährst, als ich es in einem klassischen Ratgeber vermitteln könnte, weil es sehr viel persönlicher ist und dadurch meist besser verstanden wird und mehr haften bleibt. Zusätzlich ist es sehr viel angenehmer und leichter zum Lesen. Auf dich wartet ein kurzweiliges Buch, dass du ganz ohne Anstrengung lesen kannst.

Vor allem aber möchte ich dir mit diesem Buch Mut machen, dein Buchprojekt, über das du vielleicht schon (sehr) lange nachdenkst, endlich anzugehen. Worauf willst du schließlich noch warten?

Also, los geht es, würde ich vorschlagen.

Viel Spaß beim Lesen und vor allem auch beim Schreiben.

HINWEIS AUF DIE RESSOURCENSEITE

Eines noch, bevor du weiterliest. Ich habe für dieses Buch – wie für die meisten meiner anderen Bücher eine Seite zum Buch erstellt. Ich nenne sie Ressourcenseite, weil du dort zusätzlich weitere „Ressourcen" in Form von Downloads, Links zu praktischen Tools für dein Buchprojekt und Empfehlungen findest, die ich so im Buch selbst nicht unterbringen wollte, weil zu viel davon den Lesefluss stören würde.

Selbst bei ein paar wenigen Hinweisen auf andere meiner Bücher im Buch direkt, die aus meiner Sicht gerade gut zu einem Kapitel oder Abschnitt passen, bekomme ich manchmal „böse" Kommentare von wegen „zu viel Eigenwerbung" – obwohl ich das bereits vor ein paar Zeilen erklärt habe. Die Ressourcenseite dient so gesehen auch ein wenig als Puffer.

Dein erster Projektplan

Etwas, das du dir in jedem Fall dort holen solltest, ist eine praktische Übersicht über die wichtigsten Schritte, wenn du dein Buch selbst publizieren willst. Damit hast du eine Art ersten, groben Projektplan, den du Stück für Stück abarbeiten kannst.

Also schau vorbei unter: https://www.romankmenta.com/autor-werden-ressourcen/.

Ich weiß, du wolltest jetzt weiterlesen und die Ressourcenseite später besuchen. Das darfst du auch. Es könnte natürlich sein, dass aus dem später ein nie wird und das wäre schade. Du verpasst etwas, versprochen. Wirf daher am besten jetzt einen schnellen Blick darauf, einfach nur, um dir einen ersten Überblick zu verschaffen und komm später – gerne auch mehrmals – zurück.

MEINE EIGENE BUCHGESCHICHTE

Wo fangen wir an? Am besten von vorne, mit der Antwort auf eine der Fragen, die ich häufig gestellt bekomme: „Wie bist du zum Bücherschreiben gekommen?"

Mein erstes Buch

Mein erstes Buch habe ich bereits in den 90er Jahren geschrieben – noch vor dem Internet oder zumindest vor seiner weiten Verbreitung. Vor Amazon, was in meiner Buch-Geschichte noch eine wichtige Rolle spielen wird. Lange vor dem Selfpublishing in der heutigen Form und den vielfältigen Möglichkeiten, die es gibt und die für jeden verfügbar sind. Es war noch in der Zeit, in der die traditionellen Verlage so gut wie alle Macht hatten, wenn es um das Publizieren von Büchern ging, was der wesentliche Grund dafür war, weshalb mein erstes Buch nie erschienen ist.

Ich war damals ein begeisterter Fan der Bücher von Stephen King. Seine Horrorklassiker, die damals noch keine Klassiker waren, hatten es mir angetan. Es, Carrie, Christine, Friedhof der Kuscheltiere – ich habe sie alle verschlungen. Daher war es nicht überraschend, dass mein erstes selbst geschriebenes Buch ein Roman in diesem Genre war.

Damals hatte ich noch keine Ahnung von Storytelling, Spannungsbögen, Plots und all den Dingen, die man als Romanautor zumindest schon mal gehört haben sollte. Ich habe mich einfach hingesetzt und das Buch geschrieben. Und ja, ich habe es fertig geschrieben.

Und dabei habe ich genau den Fehler gemacht, den sehr viele Autoren auch heute noch machen: Erst als es fertig war, habe ich begonnen, mir darüber Gedanken zu machen, was ich nun damit tun und wie ich das Buch an potenzielle Leser bringen konnte. Ein Verlag musste her. Also habe ich mir die Adressen der Verlage, die ich kannte aus dem Telefonbuch gesucht, mein Buch ausgedruckt und mehrfach kopiert und das ganze Manuskript an mehrere Verlage geschickt. Wie viele es waren, weiß ich nicht mehr. Wenn ich schätzen müsste, würde ich sagen fünf bis zehn vielleicht.

Dann habe ich gewartet und gewartet – und gewartet. Etwas, auf das du dich auch heute noch einstellen solltest, wenn du dein Exposé oder sogar ein ganzes Buch an Verlage schickst. Es dauert, bis Antwort kommt, aber es kommt eine Antwort – von den professionelleren Verlagen zumindest. Und mit den Unhöflichen und Unprofessionellen, die sich jetzt schon gar nicht bei dir melden, möchtest du später ohnehin nicht arbeiten, oder?

Ich weiß auch nicht mehr, wie lange ich gewartet habe und wie viele der angeschriebenen Verlage letztlich geantwortet haben, aber ich kann mich zumindest an eine Absage erinnern. In dem Brief fand sich sogar eine Erklärung der Ablehnung, mit der ich wirklich etwas anfangen konnte – ein Feedback, aus dem ich tatsächlich etwas hätte lernen können – hätte ich ein nächstes Buch geschrieben. Sinngemäß hieß es da in etwa: Flüssige Schreibweise, ansprechender Schreibstil, aber das Buch spielt in einer Gegend, in der der Autor sich sonst nicht aufhält (und zu wenig Ahnung von den örtlichen Gegebenheiten hat) und das merkt man. Ich solle, so die unausgesprochene Aufforderung, ein Buch schreiben, das dort spielt, wo ich lebe.

Das Feedback ergab schon Sinn, ist aber aus heutiger Sicht nicht haltbar. Heerscharen von Autoren schreiben sehr erfolgreiche Romane, die irgendwo spielen. Vielmehr war es vermutlich eine Frage von schlechter Recherche meinerseits. Das ließe sich heute dank Internet auch sehr viel leichter bewerkstelligen.

Ob das die einzige Absage war, weiß ich nicht mehr. Was ich allerdings ganz sicher weiß: Es kamen keine Zusagen. Der Roman liegt bis heute unveröffentlicht bei mir im Schrank. Vor Kurzem habe ich ihn „wiederentdeckt" und begonnen zu lesen. Meine Erwartung daran war nicht hoch, aber immerhin hat er die Erwartungen übertroffen – ganz ok, würde ich meinen. Vielleicht veröffentliche ich ihn sogar irgendwann – unter einem Pseudonym vermutlich.

Vermutlich auch demotiviert durch die Absagen – oder noch schlimmer, die Rückmeldungen, die ich gar nicht erhalten hatte, habe ich das Bücherschreiben dann wieder aus den Augen verloren. Nach dem Abschluss meines Studiums an der Wirtschaftsuniversität Wien habe ich meine Laufbahn in der IT begonnen und als Key-Account-Manager IT-Lösungen an Banken und Versicherungen verkauft. Alles in allem ein Umfeld, das nicht per se zum Bücherschreiben inspirierte.

Und ja, Bücher zu schreiben bedeutete für mich damals ganz klar Romane zu schreiben. Das Thema Sachbücher, Ratgeber oder Fachbücher – Expertenbücher in irgendeiner Form – hatte ich überhaupt nicht auf meinem Radar. Doch das sollte sich ändern ...

Die letzten Geheimnisse im Verkauf

Das Thema, ein Buch zu schreiben, tauchte 2005 wieder auf meinem Schirm auf. Ich hatte ein paar Jahre zuvor begonnen, mich hauptberuflich mit Vertriebstraining zu beschäftigen und 2002 meine Selbstständigkeit im Rahmen eines Franchisenetzwerkes gestartet.

Wir verkauften Vertriebstrainingsprojekte an Unternehmen. Der Franchisegeber hatte einen Vertrag mit einem Verlag abgeschlossen, in dessen Rahmen mehrere der Franchisenehmer ein Buch zu einem speziellen Vertriebsthema schreiben und publizieren konnten. Meine Autorenflamme war offenbar nicht ganz erloschen und ich war sofort mit dabei.

Daraus entstand mein erstes veröffentlichtes Buch „Die letzten Geheimnisse im Verkauf". Darin habe ich meine umfassende NLP-Ausbildung (die ich wenige Jahre zuvor begonnen hatte) und speziell ihre Anwendungsmöglichkeiten im Verkauf zusammengefasst. Ohne es zu wissen, hatte ich mich für mein Erstlingswerk (wenn man den Roman, der nie veröffentlicht wurde, außen vorlässt) gleich für ein sehr anspruchsvolles Konzept entschieden – einen Roman und einen Ratgeber in einem Buch.

Der Hauptakteur Jochen, ein Autoverkäufer, bekommt in dem Romanteil des Buches einen neuen Chef und dieser schenkt ihm ein Buch (den Ratgeber), das er dann auch liest und dadurch vielfältige Veränderungen beruflich wie privat erfährt – so die Story im Überblick. Mit über 300 Seiten ist es nebenbei erwähnt immer noch mein bisher dickstes Buch.

Obwohl ich keine Erfahrung mit dem Schreiben von Büchern hatte, fiel mir das Schreiben leicht (soweit ich mich erinnere) und das Resultat ist – so schließe ich das aus den positiven Rezensionen und Rückmeldungen meiner über die Jahre zugenommenen zahlreichen Leser – sehr gut geworden. Glück gehabt – und vielleicht auch ein wenig Talent. Das Buch, 2006 veröffentlicht, gibt es übrigens immer noch, doch nicht mehr in dem Verlag, der es ursprünglich herausgebracht hat. Das ist auch für dich ein potenziell sehr interessanter Punkt, auf den ich später nochmals genauer zurückkommen werde.

Der Stretchfaktor

Keine Angst. Ich habe nicht vor, die Entstehungsgeschichte jedes einzelnen meiner inzwischen zahlreichen Bücher so genau zu beschreiben. Nur bei ein paar wenigen, wo es etwas Besonderes zu lernen geben könnte, gehe ich näher darauf ein.

Ich hatte Blut geleckt. Mein Interesse am Thema Buch war wieder aufgeflammt und so machte ich mich recht zügig an mein nächstes Buch „Der Stretchfaktor“. Diesem liegt ein Modell im Bereich der Persönlichkeitsentwicklung zugrunde, mit dem ich schon länger schwanger gegangen war. Ich holte dann noch meine Frau (damals waren wir noch nicht verheiratet, aber lebten bereits zusammen) als Co-Autorin ins Boot und wir schrieben das Buch zusammen während eines zweiwöchigen Thailand-Urlaubs.

Das Buch gibt es immer noch beim selben Verlag, der auch „Die letzten Geheimnisse im Verkauf“ veröffentlicht hat, als „Auslaufmodell“. Das Konzept, das dem Buch zugrunde liegt, ist nach wie vor top aktuell, das Buch selbst ist aber in die Jahre gekommen.

Das war meine erste, nicht meine einzige, aber meine bei Weitem beste Erfahrung mit dem Thema „Bücher gemeinsam schreiben“. Auch dazu werde ich etwas später noch ein paar Worte verlieren.

Nicht um jeden Preis

Danach kam eine lange Durststrecke, was das Bücherschreiben anging. Warum kann ich gar nicht so genau sagen, habe aber eine Idee dazu. Bei meinen ersten Büchern ging es nicht darum, unmittelbar mit dem Buch Geld zu verdienen. Vielmehr waren diese ein hervorragendes Thema für mein Marketing, um damit meinen Expertenstatus in der Wahrnehmung potenzieller Kunden zu unterstützen. Geld verdiente (und verdiene) ich mit Trainings, Vorträgen und Beratungen.

Daher gab es keinen Druck, ein nächstes Buch zu schreiben. Ich hatte ja bereits zwei und das war für mein Marketing vollkommen ausreichend – eine Zeit lang zumindest. Mir fehlte sozusagen das Warum für ein nächstes Buch. Das blieb auch ein knappes Jahrzehnt so, das ich aus heutiger Sicht leider ungenutzt verstreichen ließ. Es gab kein einziges neues Buch von mir in dieser Zeit.

Anfang 2016 war es dann so weit. Der Gedanke, dass ich ein neues Buch brauche, meldete sich zurück. Immer noch lag diesem die Idee zugrunde, etwas zu haben, womit ich mein Marketing unterstützen konnte. Ich hatte ein Jahr zuvor das Keynote Speaking als Betätigungsfeld für mich entdeckt und wollte ein Buch haben, das zu meinem Vortragsthema passte. Buch plus Vortrag mit demselben Titel waren und sind nach wie vor die perfekte Kombination.

Das Thema war daher bereits vorhanden. Ich suchte mir einen Coach, der mich beim Erstellen des Konzeptes, eines Exposés und beim Finden eines Verlages unterstützen sollte. Was die ersten beiden Punkte betraf, hatte sie ihre Sache gut gemacht, beim Finden eines Verlages scheiterte es allerdings. Alles was kam, waren Absagen und leider auch gar keine Rückmeldungen.

Also machte ich mich selbst auf die Suche und landete damit bei einem Verlag, der das Buch herausbringen würde. Allerdings war von Beginn an deutlich spürbar, dass es dem Verlag kein Herzensanliegen war, dies zu tun. Die Motivation war – sagen wir mal – überschaubar. Doch diese konnte ganz rasch dadurch gesteigert werden, dass ich mich dazu verpflichtete, 500 Stück selbst abzunehmen.

Ich will mich darüber auch gar nicht beschweren. Das war der Deal und ich hatte ihm zugestimmt. Es war der einzige Verlag, den ich damals an der Hand hatte und der bereit war, das Buch schnell (und das war mir besonders wichtig) zu veröffentlichen. Heute, viele Bücher später, würde ich so etwas nicht mehr machen.

Aus wirtschaftlicher Sicht verstehe ich den Verlag sogar sehr gut. Ich schrieb zu einem Nischenthema im Bereich Vertrieb/ Marketing und die Aussicht, damit einen Spiegel-Bestseller zu landen, war bescheiden. Mit dem Verkauf der 500 Stück an mich waren die kompletten Kosten des Verlages für mein Buchprojekt bereits refinanziert, wenn man diese halbwegs im Griff hatte.

Das Buch kam wie geplant im Herbst 2016 auf den Markt und war ein voller Erfolg. Es war zwar niemals ein Bestseller (wenn ich es heute selbst herausbringen würde, wäre es das ganz sicher), hat aber seinen Job erfüllt, mir Sichtbarkeit gebracht und dabei geholfen, Vorträge zu verkaufen. Auch mein Investment in die 500 Autorenexemplare in Höhe von etwa 5.000 Euro hatte sich im Laufe der Zeit sehr gut gerechnet – schon alleine durch die vielen Vorträge mit dem Titel, die ich – oft initiiert durch das Buch – halten durfte und immer noch halte. Das Feedback der Leser war und ist immer noch sehr gut. Alles in allem ein gutes Buch, das sich allerdings auf dem Buchmarkt deutlich unter seinem Wert geschlagen hat.

Ich habe das Buch kürzlich vom Verlag zurückerhalten, da dieser nach all den Jahren keine Verwendung mehr dafür hatte und zuletzt nur noch 19 Stück pro Jahr davon verkauft hat. Ich bin gerade dabei, es zu überarbeiten und es selbst 2024 neu herauszubringen. Die Verkaufszahlen werden dadurch wieder deutlich steigen, da bin ich überzeugt.

„Zu teuer“ – Meine erste eigene Produktion

Mein erstes selbst verlegtes Buch war „Zu teuer – 118 Antworten auf Preiseinwände“. Irgendwie war ich darauf gestoßen, dass man auf Amazon, genauer gesagt auf einer Plattform namens Amazon KDP, Bücher veröffentlichen konnte.

Das Buch „Zu teuer“ war ursprünglich nur ein Blogartikel. Darin ging es um 4 ausgefallene Antworten auf Preiseinwände in Verkaufsgesprächen. Da dieser Artikel sehr oft aufgerufen wurde, dachte ich mir zurecht, dass das Thema offenbar viele Leser interessiert und die Idee, mehr als vier, vielleicht sogar zwanzig Antworten auf Preiseinwände in eine verbesserte und erweiterte Version dieses Blogbeitrages zu packen, war geboren. Zwanzig erschien mir viel, aber machbar. Geworden sind es schließlich 118 (inzwischen sind in diesem Buch sogar noch mehr als Bonusmaterial zu finden, ich wollte nur den Titel nicht ändern).

118 waren natürlich für einen Blogartikel viel zu viele, für ein Buch, aber ausreichend viele – und so war die Idee für dieses Buch nicht nur geboren, sondern bereist halb verwirklicht. In Kombination mit meinem (damals sehr rudimentären Wissen) über diese Amazon KDP Plattform entstand daraus ein E-Book im Kindle Format. Aus heutiger Sicht war es natürlich in vielerlei Hinsicht völlig unprofessionell umgesetzt, aber immerhin war es online und verkaufte sich sogar.

Bei einem Preis von 2,99 in dieser ersten Phase hatte ich Tantiemen-Einnahmen durch dieses E-Book von etwa 50 Euro pro Monat. Wirtschaftlich betrachtet war das kein Gamechanger, aber es war ein nettes Gefühl zu sehen, wie ganz ohne mein Zutun (damals war das tatsächlich vollkommen passiv) ein paar Euros täglich in meiner Verkaufsstatistik erschienen. Doch das allein hat nicht gereicht, um mich mit dem Thema Selfpublishing wirklich intensiv auseinanderzusetzen.

Dazu brauchte es eine Begegnung mit jemandem, der schon sehr viel weiter in das Buchgeschäft vorgedrungen war als ich. Ich lernte ihn über eine Empfehlung kennen und daraufhin haben wir einen unverbindlichen, telefonischen Austausch vereinbart. Er begleitet Menschen dabei, ihr Buch Realität werden zu lassen. Ich hätte diesbezüglich damals durchaus sein Kunde sein können, hatte aber keine Ambitionen, ein weiteres Buch zu schreiben. Ich hatte eines, das noch neu genug war und das zum Zweck der Vermarktung meiner sonstigen Leistungen absolut ausreichend war.

Was mein Interesse an dem Thema Buch mit einem Schlag dramatisch erhöhte, war eine kleine Randbemerkung, die er während unseres Gespräches fallen ließ. Er erwähnte, dass er – sozusagen als Nebengeschäft (zumindest klang es für mich so) – selbst mehr als 250 Bücher publiziert hatte. 250?! Dazu wollte ich mehr wissen.

Und so erzählte er mir, dass es sich um sehr spezielle Bücher handelte. Nicht unbedingt solche mit sehr viel Text, die es in verschiedenen Ausarbeitungen je nach Branchen, Ländern oder anderen Kriterien gab und die inhaltlich aber hochgradig ähnlich und daher relativ einfach herzustellen waren. Keines davon war ein Bestseller, vermute ich, aber 20 € Tantiemen pro Monat pro Buch waren durchaus möglich – mal mehr, mal gar keine. Und 20 € x 250 Bücher ergibt 5.000 € – rechnete ich als Betriebswirt sofort. Und diese 5.000 € Tantiemen waren weitgehend passive Einnahmen, da er – soweit ich mich erinnere – nicht einmal Amazon-Werbung für diese Bücher geschaltet hatte (was bei so vielen Büchern mit so geringen Umsätzen auch ein wirtschaftliches Unding wäre).

Heute, viele Bücher und sehr viel mehr Know-how über diverse Arten von Büchern und deren wirtschaftlichen Möglichkeiten später, weiß ich, dass meine Rechnung damals etwas von einer Milchmädchenrechnung hatte. Die 20 € Tantiemen pro Monat (das entsprach vermutlich ca. einem Buch pro Woche) sind bei dieser Art von Buch keineswegs eine sichere Sache, auch wenn es einfach erscheint, 1 Buch pro Woche zu verkaufen. Das ist es auch – aber nicht für alle 250 Bücher und das jede Woche.

Wie auch immer, diese Zahlen und Überlegungen haben gereicht, mein Interesse für das Schreiben und Publizieren von Büchern nicht nur zu wecken, sondern zu entflammen. Die Vorstellung, viele Bücher publiziert zu haben, von denen jedes Einzelne Monat für Monat einen netten kleinen Betrag zu meinem Einkommen beitragen würde, hatte etwas sehr Anziehendes für mich. Ich begann mit dem Bücherschreiben. Nicht so ernsthaft wie ich es könnte, würde ich mich ganz und gar darauf konzentrieren und wenig anderes machen, aber doch ernsthaft genug, um in den folgenden Jahren eine ganz ordentliche Anzahl an Büchern zu schreiben, zu publizieren und mit zunehmendem Erfolg zu verkaufen.

Schlag auf Schlag

Also stürzte ich mich ins Buchgeschäft und schrieb und publizierte in relativ rascher Abfolge eine Reihe von Büchern. Dabei machte ich – aus heutiger Sicht betrachtet – natürlich eine Menge Fehler, kleinere und größere. Vieles von dem, was ich damals, 2019, im Buchbereich so gemacht habe, würde ich heute anders, besser oder auch gar nicht mehr machen. Aber ich habe gelernt und wurde, so denke ich, mit jedem Buch besser und professioneller. Einerseits, weil ich aus meinen Buchprojekten und dem Feedback, das ich von den Lesern erhielt, lernte und andererseits aber auch, weil ich so ungefähr alles, was mir zum Thema Buch (Non-Fiction vor allem) und Selfpublishing unterkam, konsumierte – Bücher, Videos, Podcasts, Kurse, Beratungen.

Ich werde auch immer wieder gefragt, woher ich die Zeit für all diese Lernmedien nehme. Das ist relativ einfach. Ich verbringe beruflich bedingt sehr viel Zeit im Auto und da läuft IMMER entweder ein Roman als Hörbuch oder meistens aber etwas, durch das ich mein Wissen erweitere. Im abgelaufenen Jahr 2022 habe ich auf diese Weise (und auch lesend) 29 volle Arbeitstage (auf 8 Stunden gerechnet) für meine Weiterbildung investiert. Wieso ich das so genau weiß? Ich bin da etwas nerdig und tracke das Tag für Tag in einer Excel-Tabelle.

Erfahrungen sammelte ich aber nicht nur beim Schreiben von Büchern, sondern vor allem auch beim Vermarkten. Und das ist für ein erfolgreiches Buchprojekt mindestens genauso wichtig und auch fast so zeitaufwendig wie das Schreiben. Das wird meist unterschätzt – doch dazu später noch sehr viel mehr.

Das Feedback zur Vermarktung kommt bei Büchern wie auch bei anderen Produkten ganz klar und direkt durch die Anzahl der verkauften Stücke. Und auch, wenn ein Buchprojekt mal nicht so gut lief, verkauft wurde und wird immer etwas.

Gastautorenschaften

Im Laufe der Zeit mehrten sich auch die Anfragen, bei anderen Büchern mitzuschreiben. Das habe ich auch immer wieder gemacht. Meistens handelte es sich um ein Kapitel, das mit meiner fachlichen Perspektive zu einem Thema (meist zu Preisthemen) gefüllt werden sollte – das waren die besseren Bücher.

Manchmal waren es aber auch Sammelbände, wo zehn oder mehr Autoren relativ unkoordiniert ihre Beiträge schrieben, die dann zu einem Buch zusammengefasst wurden. Das Ergebnis solcher Aktionen war dann meist auch kein Buch (zumindest nicht im eigentlichen Sinn), sondern einfach nur eine Sammlung von Beiträgen. Ich habe viel gelernt dadurch, unter anderem auch, dass es deutlich schwerer ist, gute Bücher mit mehreren Autoren zu produzieren, als eines als Autor selbst zu schreiben.

Mein eigener Verlag

Ein häufiges Argument dafür, warum ein Buch in einem (renommierten) Verlag veröffentlicht werden sollte, ist, dass es für den Leser professioneller wirkt, wenn das Buch von einem Verlag herausgebracht wurde und das Verlagslogo auf dem Cover prangt. Bei selbst publizierten Werken steht entweder gar nichts drauf oder – schlimmer – „independently published" – das Brandzeichen vieler Selfpublisher. Und auch wenn sich das Image von Büchern im Eigenverlag verbessert hat und das Selfpublishing in den letzten Jahren salonfähig geworden ist, hat es bei manchen immer noch einen etwas schalen Beigeschmack.

Das Argument, dass es daher besser ist, ein Verlagslogo auf dem Cover zu haben, ist demzufolge nicht ganz von der Hand zu weisen (aber in weiten Bereichen doch) und ich habe es so oft gehört, dass ich mir dachte: „Wenn das so ist, dann mache ich eben einen eigenen Verlag."

Der Name VoV media war rasch gefunden. Die Kürzel VoV stehen für Voice of Value, eine Bezeichnung, die ich mir zu meiner Person als Keynote-Speaker zugelegt hatte, um das, was ich auf der Bühne zu sagen habe, auf den Punkt zu bringen. Auch ein Logo war rasch kreiert – ich gestehe, ich habe es selbst gemacht, weil es ganz schnell gehen musste. Und ja, liebe Grafiker, das geht sicher besser. Die Verlagsgründung selbst war noch schneller erledigt. Zehn Minuten auf dem zuständigen Amt (dort, wo man ein Gewerbe anmeldet) und ich war ganz offiziell Verleger.

Bis heute verlege ich übrigens exklusiv meine eigenen Werke, denke aber immer wieder darüber nach, auch Bücher anderer Autoren zu verlegen. Durchringen konnte ich mich dazu noch nicht, denn das wäre nochmal ein ganz anderes Geschäftsmodell, aber mal sehen, was die Zukunft diesbezüglich so bringt. Ganz ausschließen, dass ich das in Zukunft machen werde, würde ich es auch nicht.

Die Pandemie als Turbo

2020 begann dann etwas, das zwar wirtschaftlich und gesellschaftlich eine Katastrophe größeren Ausmaßes war, sich aber für mein Büchergeschäft als sehr förderlich erwies – die Corona-Pandemie.

Mit einem Schlag waren weite Teile meines Stammgeschäftes – Seminare und Vorträge – ausgeknipst. Wir waren damals gerade in Asien unterwegs und hatten kurzzeitig sogar überlegt, dort zu bleiben, da es hier ohnehin nichts zu tun gab. Zurückgekommen sind wir dann aber doch, sogar zwei Tage früher als geplant, weil wir nicht wussten, wie verrückt die Menschen und Regierungen noch werden würden – sowohl in Asien als auch in Österreich. Wir konnten nicht ausschließen, dass wir ein paar Wochen später vielleicht keinen Flug in die Heimat mehr bekämen und uns Österreich vielleicht sogar die Einreise verweigern würde.

Da waren wir nun, zurück in einer Heimat, die sich mit einem Schlag nicht mehr wie Heimat anfühlte. Lockdowns, Einschränkungen aller Art, Polizeikontrollen, eine Gesellschaft, die hochgradig verunsichert war – und zu allem Überfluss ein Geschäft, das darniederlag.

Zum Glück wurden nicht alle Aufträge abgesagt, die meisten wurden verschoben und ein Teil davon digital umgesetzt – zumindest was Seminare und Beratungen betraf. Das Vortragsgeschäft war während dieser Zeit auf null.

Durch die Absagen, aber auch durch die digitale Umsetzung, die mir viele Kilometer und Stunden auf Autobahnen ersparte, hatte ich plötzlich sehr viel mehr Zeit als erwartet und auch sehr viel mehr als mir lieb war. Diese musste sinnvoll gefüllt werden und da lag es für mich auf der Hand, dies mit dem Publizieren von noch mehr Büchern zu tun.

Ich schrieb und publizierte 2020 und 2021 mehr als 15 Bücher – vom Kurzratgeber bis hin zum 300-Seiten-Buch. Ich hatte mein Netzwerk an Dienstleistern für Covergestaltung, Korrektur, Satz etc. aufgebaut und sammelte sehr viel Routine beim Planen, Umsetzen und Vermarkten von Büchern. Aber nicht nur Bücher entstanden in dieser Zeit, sondern auch Zusatzprodukte wie beispielsweise Kartensets.

Nicht gezählt sind dabei die Übersetzungen, die ich von mehreren meiner Bücher machen ließ. Mein erstes selbst publiziertes Buch „Zu teuer“ hatte ich aus einer Laune heraus (und ohne große wirtschaftliche Erwartungen) in sieben Sprachen übersetzen lassen und auf den Markt bzw. die Märkte gebracht. Ein paar andere gibt es auf Italienisch und Englisch – unter anderem auch, weil ich diese Sprachen spreche. Und so war ich – gefühlt fast über Nacht – ein international publizierter Autor, der seine Bücher weltweit verkaufte und es sogar geschafft hatte, dass viele davon Bestseller wurden (was das genau bedeutet, dazu kommen wir noch). Das hätte ich wenige Jahre zuvor niemals erwartet.

Die Gegenwart

Was als Marketingaktivität begonnen hatte, war zu einem noch kleinen, aber sehr feinen Geschäft geworden, das mir noch dazu extrem viel Spaß machte und immer noch macht, wie ich feststelle, während ich diese Zeilen schreibe.

Auch 2022 habe ich Bücher geschrieben und publiziert. Vier deutschsprachige, drei weitere ohne meinen Namen als Autor in einem ganz anderen Bereich (ein Experiment sozusagen) und ein paar Übersetzungen auf Englisch und Italienisch.

Ich werde immer wieder gefragt, wie viele Bücher ich denn bereits geschrieben und publiziert habe. Meine Antwort war immer dieselbe: „Ich weiß es nicht so genau.“ Doch um dir als Leserin oder Leser diese Frage tatsächlich einmal korrekt zu beantworten, habe ich mich hingesetzt und für dieses Buch hier eine Zählung vorgenommen.

Das Ergebnis ist (Stand 31.12.2023):

- Unter meinem Namen
    - 30 deutschsprachige
    - 5 italienischsprachige
    - 8 englischsprachige
    - 3 spanischsprachige
    - 3 in anderen Sprachen
    - 3 davon als klassische Verlagsbücher
- 1 unter einem Pseudonym
- 4 Gastautorenschaften
- 3 als Co-Autor in Sammelbänden

Ergänzend zu erwähnen sind noch 2 Kartensets, die ich als Zusatzprodukte zu Büchern (mit ähnlichen Inhalten) veröffentlicht habe.

Alle, die meinen, ein Buch sei ein großartiges passives Geschäftsmodell (was oft propagiert wird nach dem Motto „einmal schreiben und dann ewig Tantiemen kassieren“), muss ich leider enttäuschen. Wenn man das Buchgeschäft wirklich passiv betreibt, das heißt nach der Veröffentlichung keine Zeit mehr in das Buchprojekt investiert, mag es zwar passiv sein, aber es wirft zunehmend weniger und bald gar keine Tantiemen mehr ab.

Dass ein Buchprojekt durchaus auch laufende Aktivitäten nach der Veröffentlichung nach sich zieht, lernte ich sehr schnell. Allein die Werbung, die ich für jedes Buch auf Amazon am Laufen hielt, muss immer wieder beobachtet, überarbeitet und optimiert werden. Keine Angst, das ist pro Buch nicht wahnsinnig viel Aufwand, wenn man sich das dafür nötige Know-how erst einmal angeeignet hat, aber bei so vielen Bücher, wie ich sie habe, summiert sich das ganz rasch zu richtig viel Arbeit. Seit dem Ende der Coronapandemie war ich mit meinem traditionellen Geschäft – Vorträge, Seminare und Beratung – zum Glück wieder so gut beschäftigt, dass das regelmäßige Pflegen meiner Bücher phasenweise ganz auf der Strecke blieb.

Das rächt sich dann sehr schnell, da die Werbeausgaben ausufern und einen unverhältnismäßig großen Anteil der Tantiemen auffressen. Daher habe ich jemanden gesucht und gefunden, der mir als Teil meines Teams diese Arbeit abnimmt und sich regelmäßig um das Aufsetzen und die Pflege meiner Kampagnen kümmert. Falls das etwas ist, was dir bereits vor dem Schreiben deines Buches Kopfzerbrechen macht – keine Angst, dabei können wir dich sehr gut unterstützen.

Und falls du meinst, die Werbung einfach abzuschalten, wenn die Launch-Phase erst einmal vorbei und das Buch auf dem Markt platziert ist, wäre eine Alternative, dann muss ich dich enttäuschen. Die meisten Bücher könnten ohne Werbung (in welcher Form auch immer) niemals auf die Beine kommen und auch nicht überleben. Die verkauften Stückzahlen würden sich sehr rasch gegen null bewegen. Aus dieser Betrachtung würde ich auch meine Bücher definitiv nicht ausnehmen. Die Konkurrenz in Form einer steigenden Flut neuer Bücher, die Tag für Tag erscheinen, ist dafür viel zu groß geworden.

Wenn ich dich damit verunsichern sollte, was dein Buchprojekt angeht, so kannst du dich entspannen. Erstens geht es bei deinem Expertenbuch vor allem darum, ein fantastisches Marketinginstrument für dein Business zu schaffen und das kannst du unabhängig davon, wie viele andere Bücher gerade so auf den Markt kommen. Zweitens, ja, es wurde schon alles geschrieben, aber noch nicht von jedem. Das heißt, die Welt wartet natürlich auch auf dein Buch.

Zahlen Daten Fakten

Wenn wir schon von der Gegenwart meines Buchgeschäftes sprechen, dachte ich mir, es würde dich vermutlich auch interessieren, was das Ganze in Zahlen ausgedrückt bedeutet. Ich werde nicht in allen Bereichen ins Detail gehen, möchte dir aber ein Gefühl dafür geben, von welchen Größenordnungen wir sprechen.

Ich habe 2022 etwas mehr als 11.000 Bücher verkauft – meine selbst publizierten und die Verlagsbücher zusammengerechnet. Davon sind ziemlich genau 25 % E-Books und fast der gesamte Rest Taschenbücher. Hardcover-Versionen gehen ganz selten über den Ladentisch, was meine selbstpublizierten Bücher angeht. Die Bücher traditioneller Verlage gibt es in gedruckter Form oft nur als Hardcover (zumindest in gewissen Genres zum Start eines Buches), was natürlich der einzige und damit der Hauptgrund dafür ist, dass nur Hardcover verkauft werden.

In Umsatz gerechnet sind das in etwa 150.000 bis 200.000 Euro exkl. Ust. Das kann ich deshalb nicht so genau sagen, weil ich den größten Teil der Bücher nicht selbst fakturiere. Das machen Amazon, mein Hauptvertriebspartner bzw. auch die anderen Plattformen und Partner, über die ich meine Bücher verkaufe. Ich bekomme in den meisten Fällen nur die Tantiemen ausbezahlt, wobei das „nur“ nicht abwertend klingen soll. Ganz im Gegenteil. 11.000 Rechnungen im Jahr für Bücher erstellen zu müssen – nein, danke.

Ausgedrückt in Tantiemen, der letztlich wirklich wichtigen Kennzahl, verdiente ich 2022 ca. 70.000 Euro mit meinen Büchern, wobei der Monatsbetrag je nach Jahreszeit zwischen 5.000 und 7.000 Euro schwankt. Mein Spitzenmonat, der Januar 2021 lag bei knapp 11.000 Euro. Ich hatte damals ein sensationell gut gehendes Buch „Was soll ich bloß posten?“ veröffentlicht, das allein in diesem Monat fast 5.000 Euro an Tantiemen einbrachte. Solche Erfolge nimmt man dankbar an, wirklich planbar sind sie in diesem Ausmaß allerdings kaum.

Planbar sind für mich inzwischen aber Bücher geworden, die Monat für Monat einige 100 Euro an Tantiemen in die Kasse spielen. Mein Bestseller 2022 und 2023 ist das Buch „Gut gefragt ist halb verkauft“, das mit über 1.700 verkauften Stücken 2022 etwa 12.000 Euro für mich verdient hat. 2023 wird das Buch dieses Ergebnis vermutlich noch übertreffen.

Ganz allgemein gilt auch im Buchverkauf die 80:20-Regel. Die besten paar meiner Bücher bringen den Löwenanteil an Tantiemen, der Rest den Rest. Die 80:20-Regel gilt nicht nur für die Bücher, sondern auch für die Märkte. Etwas über 80 % meiner Bücher verkaufe ich im DACH-Raum, den Rest verteilt auf die Welt. Und die Welt bedeutet wirklich die Welt. UK, USA und Italien sind in dieser Reihenfolge meine stärksten Märkte, die auch erwähnenswerte Umsätze einbringen. In anderen Märkten wie Frankreich, Spanien, Brasilien, Niederlande und sogar in Indien verkaufe ich ein paar wenige Stücke, wobei ich diese Märkte aktuell eher als Hobby bezeichnen würde. Gemessen am Gewinn macht der DACH-Raum mehr als 95 % aus. 2023 habe ich allerdings vermehrte Anstrengungen unternommen, in anderen Sprachen und auf anderen Märkten verstärkt Fuß zu fassen – speziell in den Sprachen Englisch und Spanisch in den USA und

Spanien. Das Resultat ist, dass mein Geschäft auch dort Schritt für Schritt wächst.

Was meine Absatzkanäle betrifft, so verkaufe ich meine Bücher zu mehr als 95 % online. Ein paar wenige Stücke werden über den stationären Buchhandel an die Leser gebracht oder im Rahmen von Vorträgen verkauft.

Doch die Tantiemen bleiben nicht komplett in meiner Kasse. Abgesehen davon, dass jedes Buchprojekt natürlich Produktionskosten verursacht, stellen die Werbekosten auf Amazon den größten Kostenfaktor dar. Über 33.000 Euro habe ich 2022 für Werbeanzeigen auf Amazon ausgegeben (2023 wird das mehr sein, da die Werbung zunehmend teurer wird), was dann einen Nettogewinn (abzüglich der Produktionskosten) von etwa 30.000 Euro ergab. Das ist – je nachdem, wie man es betrachtet – wenig für den ganzen Aufwand oder auch sehr viel, wenn man bedenkt, dass der Großteil der Coachings und Beratungen aller Arten diese Summe nicht einmal als Jahresumsatz erreicht – geschweige denn als Gewinn.

Warum es für mich letztlich auch irrelevant ist, ob mein Buchgeschäft ein paar Tausender mehr oder weniger abwirft, dazu komme ich etwas später. Damit will ich allerdings nicht sagen, dass mein Buchgeschäft nicht wachsen und gedeihen soll, doch die Aspekte bezüglich des Einkommens sind sehr vielschichtiger als nur Bücher zu verkaufen. Die Frage, die du dir stellen solltest, ist nämlich nicht nur primär die: „Wie viele Bücher kann ich verkaufen und wieviel Geld kann ich damit verdienen?“ Sehr viel spannender ist die Frage: „Was bringt mir die deutlich verstärkte Expertenpositionierung, die ich mit einem eigenen Buch bekomme und wie viele meiner anderen Produkte oder Leistungen kann ich darüber verkaufen?“

Alles in allem könnte ich vom Buchgeschäft allein leicht und gut leben, wenn ich es als Fulltime-Job betreiben würde. Das wiederum muss nicht zwingend bedeuten, tatsächlich 40 oder mehr Stunden pro Woche darin zu investieren – ich denke 20 wäre auch ausreichend. Und ja, irgendwann in ein paar Jahren mache ich das vermutlich tatsächlich, mich ganz auf das Buchgeschäft zu konzentrieren, womit wir schon – um meine persönliche Buchgeschichte abzuschließen – bei einem kleinen Zukunftsausblick angelangt sind.

2024 und darüber hinaus

Ich bin die letzten Jahre fallweise in rasender Geschwindigkeit von Publikation zu Publikation, von einem Buch zum nächsten gerast, bisweilen gehetzt. Damit habe ich mir zwar einen Ruf als Autor und ein gut funktionierendes Geschäft aufgebaut, mich und mein Team aber phasenweise überfordert – und vermutlich manchmal auch meine Leserinnen und Leser. Das ging gut in Zeiten des Lockdowns, wo es in anderen Bereichen teilweise weniger zu tun gab.

In normalen Zeiten (wobei ich heute gar nicht mehr definieren könnte, was „normale Zeiten" überhaupt sind) ist es auch für mich zu viel, alle zwei Monate ein neues Buch herauszubringen und dazwischen teilweise auch noch fremdsprachige Versionen. Das bedeutet nicht, dass ich mit dem Schreiben aufhören werde – dafür stecken noch viel zu viele Bücher in mir. Ich werde mir aber etwas mehr Zeit für jedes einzelne Buch nehmen. 2024 wird es vermutlich auf Deutsch 3 neue Bücher von mir geben, plus „Nicht um jeden Preis", das ich in überarbeiteter Form neu herausbringe. All diese Bücher sind übrigens zu Beginn des Jahres bereits fix fertig geschrieben. Zusätzlich werde ich bestehende Bücher pflegen, überarbeiten und optimieren und das eine oder andere in einer Fremdsprache herausbringen. Die meisten davon haben keinen Jahresstempel und sind in ein paar Jahren immer noch so aktuell wie heute.

Ein ganz eigenes Thema sind fremdsprachige Versionen meiner Bücher. Wie bereits erwähnt, gibt es schon einige, die allerdings wirtschaftlich betrachtet noch nicht erfolgreich genug sind. Auch das hat vor allem damit zu tun, dass ich den einzelnen Märkten in der Vergangenheit zu wenig Aufmerksamkeit geschenkt habe. Wie bereits erwähnt habe ich 2023 bereits begonnen, das zu ändern. Auf welche Märkte ich mich in den nächsten Jahren – abgesehen vom DACH-Raum – fokussieren werde, hängt vor allem auch von den jeweiligen Vermarktungs- und Werbemöglichkeiten ab. Vermutlich werden dabei – kein Wunder – die Sprachen Spanisch und Englisch im Vordergrund stehen.

Die Rechnung dabei lautet allerdings nicht: Ein Buch macht 100 Euro Tantiemen, zwei Bücher machen 200 Euro. Die Kurve steigt mit jedem weiteren Buch in ein und derselben Sprache an. Zwei Bücher machen dann vielleicht 250 Euro und fünf machen 1.000 Euro. Der Effekt beruht darauf, dass Leser, denen ein Buch gefällt, gerne auch weitere Bücher desselben Autors kaufen.

Das Thema Hörbuch ist seit Jahren ein Thema, aber bis jetzt noch kein Geschäft – zumindest für mich noch nicht. Mein erstes Buch „Die letzten Geheimnisse im Verkauf" ist vor paar Jahren schon an einen Hörbuchverlag verkauft und vertont worden. Ein weiteres Hörbuch habe ich selbst im Studio eingesprochen und produziert – „Nicht um jeden Preis". Das war eine interessante Erfahrung. Nun bin ich zwar als Redner auf Bühnen ein Profi, als Hörbuchsprecher aber ein Laie – und das ist definitiv nicht dasselbe, falls das jemand glauben sollte. Ein Hörbuch professionell und möglichst ohne Fehler einzusprechen, indem man aus dem Buch vorliest, ist für mich zumindest sehr viel schwieriger. Doch auch wenn ich weiß, dass ein Profi das sehr viel schneller und perfekter kann, wollte ich es selbst sprechen, damit meine Hörerinnen und Hörer auch tatsächlich meine Stimme hören. Ich habe dadurch zwar einerseits Kosten für das

Sprecherhonorar gespart, aber gleichzeitig sehr viel mehr Kosten in der Nachbearbeitung verursacht, weil die armen Tontechniker viele meiner Fehler korrigieren mussten.

Ich habe bisher immer Abstand davon genommen, eine Reihe meiner Bücher auch als Hörbücher herauszubringen, da die Produktionskosten im Vergleich zum potenziellen Ertrag viel zu hoch sind. Beim Hörbuch ist pro Stück viel weniger zu verdienen als bei einem Buch und die Produktionskosten belaufen sich auf 2.500 Euro oder auch mehr – je nach Umfang des Buches bzw. der Sprecher. Darüber hinaus gibt es für Hörbücher aktuell noch nicht die vielfältigen Möglichkeiten der Vermarktung und Bewerbung und sehr wenig direkte Kontrolle, was mit dem Hörbuch passiert, wenn es erst einmal hochgeladen ist.

Gleichzeitig ist der Hörbuchmarkt ein rasant wachsender. Ich bin sicher, dass die (technischen) Möglichkeiten der Hörbuchproduktion und Vermarktung besser werden. Daher ist das Thema für mich nicht abgehakt. Aktuell suche ich nach Varianten, um die Produktionskosten zu senken und gleichzeitig die Tantiemen bzw. Erlöse zu verbessern. Ein, zwei Ideen gibt es da schon und ich bin fast sicher, dass ich 2024 diese zumindest testen werde.

Auch wenn die meisten meiner Bücher kaum ein stationärer Buchhändler sich auf Lager legen würde, so denke ich dennoch, dass im Buchhandel auch noch einiges Potenzial für mich verborgen liegt. Mein Team hat sich 2023 unter anderem intensiv darum bemüht, möglichst alle meiner deutschsprachigen Bücher sowie bereits auch einige der fremdsprachigen für den traditionellen Buchhandel bestellbar zu machen.

Gleichzeitig gibt es auch online noch etliche andere regionale und auch internationale Vertriebsplattformen, die wir 2023 begonnen haben in unsere Vertriebsstrategien miteinzubeziehen und meine Bücher so für deutlich mehr Leser sichtbar und verfügbar zu machen.

Zusammengefasst könnte man die Pläne mit meinen eigenen Büchern 2024 und darüber hinaus also beschreiben mit: weniger mit noch besserer Qualität, internationaler, auf mehr Kanälen und in mehr Formaten (wie Hörbücher zum Beispiel). Doch das ist noch nicht alles im Bereich Buch. Da gibt es noch ein weiteres Projekt, das wir 2022 bereits begonnen haben, umzusetzen und dem ich einen eigenen kurzen Abschnitt widmen möchte.

Expertenbücher für Experten

Wie erwähnt, bin ich ja bereits seit ein paar Jahren Verleger – bis dato ausschließlich in eigener Sache. Natürlich könnte man mit dem Verlagsgedanken auch noch einiges mehr machen. Das Naheliegendste wäre es, die Bücher anderer Autoren zu verlegen. Das ist – zumindest für 2024 – nicht der Plan.

Allerdings wurde ich aufgrund meiner Sichtbarkeit zum Thema Buch von etlichen Menschen angesprochen, die ein Buch schreiben wollen (und das manchmal schon sehr lange) oder eines geschrieben haben und jetzt nicht wissen, was sie mit den 500 Stück, die im Keller liegen, anfangen sollen. Und so ist das Projekt entstanden, in dessen Rahmen ich Experten aller Arten dabei unterstütze, ihr Buchprojekt zu starten und erfolgreich umzusetzen. Wir – mein Team und ich – begleiten dich (wenn du das möchtest) dabei, dein Expertenbuch endlich umzusetzen oder dein nächstes Buch noch erfolgreicher zu machen.

Das beginnt vor dem Schreiben (das Fundament und Konzept des Buches) und geht bis zu einem erfolgreichen Launch und der Vermarktung deines Buches. Das ist auch genau das, worin ich in den letzten Jahren sehr viel Erfahrung gesammelt habe.

Aus diesen Überlegungen heraus wurde das „Bestseller-Programm" geboren und mit zwei dreitägigen Retreats im Sommer und Herbst 2022 auch bereits erstmals in die Tat umgesetzt. Daraus sind 2023 auch bereits die ersten Bestseller entstanden.

Bilder Mario, Steffie und Ralph

Dabei handelt es sich ausschließlich um Expertinnen und Experten aus verschiedensten Bereichen, die ihr Buch publizieren wollen, um sich damit noch besser zu positionieren und Ihr Business auszubauen. Ein paar andere Gründe, zu denen ich noch komme, gibt es da natürlich auch noch. Angehende Romanschriftsteller sind bei mir allerdings aktuell nicht an der richtigen Stelle.

Inzwischen haben wir daraus eine umfassende Strategie entwickelt, die alles beinhaltet, um auch dein Expertenbuch erfolgreich zu publizieren und in vielen Fällen auch zum Bestseller zu machen.

Auf Basis dieser Strategie entstand daraus ein ganz neues Konzept, mit dem Ziel, angehende Autorinnen und Autoren noch besser, direkter und erfolgreicher zum Ziel „das erfolgreiche eigene Buch" zu führen.

Dabei gibt es allerlei unterschiedliche Angebote für dich – von ganz kleinen und kostenlosen Dingen wie Checklisten und Downloads, über Online-Kurse, die dich bei der einen oder anderen Herausforderung im Rahmen deines Buchprojektes unterstützen bis hin zu Masterminds, wo du in einem kleinen Teilnehmerkreis Schritt für Schritt zu einem erfolgreichen Buchlaunch geführt wirst.

Da sich diese Angebote auch immer wieder verändern und sich den Bedürfnissen der Teilnehmer anpassen, werde ich hier im Buch nur relativ lose darauf hinweisen. Auf dieser Seite hier findest du immer die aktuellste Version unseres Angebotes für dich.

Wenn dich das interessiert, dann schau hier vorbei: https://www.romankmenta.com/bestseller-programm/ . Dort findest du das aktuelle Programm, mit dem wir angehende Autoren dabei unterstützen, mit Ihrem Buch so zu starten, dass es erfolgreich werden kann, es zu schreiben, es anschließend zu launchen und zum Bestseller zu machen. Darüber hinaus unterstützen wir dich dabei, mit deinem Buch dein Geschäft wachsen zu lassen und deine anderen Produkte und Leistungen noch besser zu verkaufen.

Im Rahmen dieser Programme wird es nicht nur viel Information geben, wie du dein Buch erfolgreich publizieren kannst, sondern vor allem wirst du dabei von uns Schritt für Schritt auf direktem Weg durch den Dschungel des Publizierens geführt, um alles umzusetzen, was zu tun ist.

Doch nicht nur das. Einige Dinge, vor allem die ganze Thematik der Amazon-Werbung werden wir weitgehend oder ganz für dich umsetzen – wenn du das möchtest –, sodass du dich auf dein Buch konzentrieren kannst. Wenn du nicht – so wie ich – vorhast, Bücher am laufenden Band zu publizieren, reicht es, manche Dinge zu kennen, einen Überblick darüber zu haben und es dann aber anderen zu überlassen, es umzusetzen. Wir machen es dir also so einfach wie möglich.

Das ist der aktuelle Plan, was diese Art von Unterstützung angehender Autoren angeht. Doch ich bin sicher, dass sich in den nächsten Jahren daraus noch sehr viel mehr entwickeln wird.

Das war es so im Großen und Ganzen mit meiner eigenen Buchgeschichte von den Anfängen bis jetzt Ende 2023. Ich denke und hoffe, dass du daraus schon viel mitnehmen konntest, was dein eigenes Buchprojekt angeht. In den nächsten Kapiteln werde ich die wesentlichen Themen behandeln, mit denen sich Experten, die endlich ihr eigenes Buch publizieren wollen, erfahrungsgemäß herumschlagen. Ich werde dabei die wichtigsten Fragen beantworten, wie zum Beispiel:

- Welche Art von Buch will ich überhaupt schreiben?
- Wie kann ich mich über mein Expertenbuch noch besser positionieren?
- Ein Buch ist so ein riesiges Projekt. Wie soll ich das bloß bewerkstelligen?
- Wie finde ich einen Verlag oder brauche ich überhaupt einen?
- Selbst verlegen, ja, aber wie bloß?
- Ich kann nicht schreiben, möchte aber trotzdem ein eigenes Buch haben. Wie mache ich das?
- Wann ist ein Buch überhaupt ein Bestseller?

... und noch einige mehr. Ziel es dabei nicht nur, dass du Antworten auf diese Fragen bekommst und mehr Klarheit gewinnst, sondern vor allem möchte ich dir die Angst (falls du diese hast) vor dem Projekt Buch nehmen (und wenn du das Projekt schon lange vor dir herschiebst, dann spielt vielleicht Angst doch eine gewisse Rolle!?) und diese in Respekt verwandeln – der durchaus angebracht, aber nicht hinderlich ist.

Ich will dir zeigen, dass ein Buch zu schreiben und erfolgreich zu publizieren heutzutage – anders als noch vor 20 Jahren – für „jeden" möglich und machbar ist. Für dich daher ganz sicher auch.

Indem ich selbst dieses Buch hier ganz nebenher, mit nur etwa 30 - 60 Minuten Aufwand pro Tag in nur 4 Wochen schreibe, ist schon einmal bewiesen, dass das absolut machbar ist – doch auch dazu später mehr.

Am Ende dieses Buches sollte oder besser gesagt wird für dich ein „Ja, ich will mein Buch jetzt endlich schreiben und erfolgreich publizieren und ich kann das auch“ stehen.

19 GRÜNDE, WARUM DU EIN BUCH SCHREIBEN SOLLTEST

Zu Beginn des nächsten Teils dieses Buches möchte ich mich mit den Gründen beschäftigen, warum Menschen Bücher schreiben, speziell solche, die als Expertin oder Experte in ihrem Fachbereich viel Wissen, hervorragende Fähigkeiten und sehr viel Erfahrung gesammelt haben – also Menschen wie du vermutlich. Wie erwähnt, ist die Situation und auch die Vorgehensweise bei Romanautoren eine andere, wenngleich es durchaus Parallelen gibt.

Und wenn ich von Experten spreche, dann können und werden das oft Coaches und Berater aller Arten sein, aber auch Ärzte und Gesundheitsdienstleister, Kindergärtnerinnen, Hebammen, Fotografen, Architekten, Köche, IT-Dienstleister und Programmierer, Gärtner, Reiseführer – diese Liste könnte ich noch nahezu endlos verlängern. Bücher, das heißt Expertenbücher bzw. Ratgeber kann man über fast jedes Thema schreiben. Es gibt kaum eine Nische, die zu speziell oder zu klein wäre, dass sie es nicht wert wäre, ein Buch darüber zu schreiben.

Nun ist das Publizieren von Expertenbüchern vor allem unter selbstständigen Fachleuten ein verbreitetes Thema, um damit das Marketing zu unterstützen und anzukurbeln. Doch warum sollten nicht auch Angestellte ein Buch schreiben? Dieselben Vorteile, die ein Buch für Selbstständige mit sich bringt, bringt es ebenso für Angestellte, wie du gleich sehen wirst. Wenn ich selbst mit meinem heutigen Wissen noch angestellt wäre – in meinem letzten angestellten Job als Marketingleiter bei Opel etwa – würde ich ganz sicher ein oder auch mehrere Bücher schreiben bzw. hätte sie bereits geschrieben. Ich würde dadurch meine Chancen auf die Topjobs im Arbeitsmarkt deutlich verbessern.

Die folgenden Vorteile, die dein eigenes Buch für dich und für dein Geschäft bringt – man könnte sie auch als die Gründe, aus denen du eines schreiben solltest, bezeichnen – greifen ineinander und überschneiden sich, wie du bemerken wirst. So wird dein Buch zu einem kompletten System an Vorteilen.

Und ich weiß, dass du dieses Buch hier vermutlich nicht lesen würdest, wenn du am Thema Buch schreiben nicht grundsätzlich interessiert wärst oder zumindest mit dem Gedanken spielst, endlich eins zu schreiben. Die folgenden Gründe bzw. Vorteile sollen dir daher den vielleicht nötigen, entscheidenden Schubs geben, dein Buchprojekt endlich zu starten. Und sollte auch das schon geschehen sein, dann werden sie dich in deiner Entscheidung bestärken und das Projekt noch wichtiger und dringender für dich machen. Es sind nämlich sehr viel mehr Vorteile als du vielleicht denkst und vermutlich auch einige, an die du noch nicht gedacht hast. Welche sind das denn nun?

Vorteil #1 – Höherer Expertenstatus

Nahezu jeder halbwegs bekannte Experte mit größerer medialer Reichweite und Sichtbarkeit hat ein Buch mit seinem Namen als Autor auf dem Cover. Top-Experten haben oft mehrere Bücher geschrieben und publiziert. Oft sind diese auch Bestseller (gewesen). Ob der Experte zuerst bekannt war und dann ein Buch geschrieben hat, durch das er dann noch bekannter geworden ist oder noch nicht so bekannt war und durch sein Buch seinen Bekanntheitsgrad deutlich gesteigert hat, ist von Fall zu Fall unterschiedlich. Für beide Varianten gibt es Beispiele.

Natürlich ist es für jemanden wie Jamie Oliver einfach, mit einem neuen Buch auf die Bestsellerlisten zu kommen. Doch Richard David Precht, eine der umstrittensten, aber auch bekanntesten Persönlichkeiten im deutschsprachigen Raum – man könnte ihn quasi als einen Experten für fast alles bezeichnen – war weitgehend unbekannt, bevor sein Buch „Wer bin ich und wenn ja wie viele“ zum Bestseller wurde und ihn in andere geschäftliche Dimensionen beförderte. Das kann in manchen Fällen ein einzelnes Buch für dich tun.

Doch wie auch immer man es betrachtet, es gibt offenbar einen sehr engen Zusammenhang zwischen dem Expertenstatus und den publizierten Büchern. Ein Buch hebt in den Augen der Zielgruppe den Expertenstatus deutlich an. Die wahrgenommene (nicht unbedingt die tatsächliche) Kompetenz steigt. Menschen, die ein Expertenbuch geschrieben haben, wird deutlich mehr Autorität in ihrem Fachbereich zugesprochen. Dass das Wort Autor auch im Wort Autorität steckt, hast du wahrscheinlich schon einmal gehört.

Ein weiteres sprachliches Indiz für die Bedeutung von Expertenbüchern hat Dr.Oliver Pott kürzlich in einem Webinar erwähnt: Experten aller Arten werden oft gebucht und das Wort Buch steckt in Buchung.

Allein aus diesem ersten Grund hier ergibt es auch für angestellte Experten Sinn, ihr eigenes Buch zu publizieren. Es kann sich als wahrer Karriereturbo erweisen. Stelle dir vor, es gibt zwei Bewerber für eine Führungsposition. Beide haben in etwa vergleichbare Qualifikationen. Der eine davon hat ein Buch über Führung geschrieben, der andere nicht. Wer hat wohl bessere Chancen, den Job zu bekommen?

Alles in allem gibt es wenige Faktoren, die deinen Expertenstatus mehr verstärken als ein eigenes Buch. Wenn du als Top-Experte oder

Expertin gelten willst, dann ist – aus meiner Sicht – ein Buch keine Option, sondern ein Muss.

Vorteil #2 – Gesteigerte Glaubwürdigkeit

Allein dadurch, dass du ein Buch publiziert hast und dass das, was du sagst, auch dort nachzulesen ist, wird dein Wort deutlich gewichtiger und du hast öfter recht. Menschen glauben das, was in Zeitungen steht oder im Fernsehen und in den Nachrichten gesagt wird oft nur aufgrund des Mediums. „Wenn es gedruckt oder im Fernsehen ist, dann muss es wohl stimmen“, lautet die verbreitete Denkweise.

Auch Bücher verstärken diese Art der Glaubwürdigkeit deiner Botschaft deutlich. Ein Buch ist ein sehr seriöses, glaubwürdiges Medium – ganz anders als die diversen Social-Media-Kanäle, die durch extrem viele Fake News sehr an Glaubwürdigkeit eingebüßt haben.

Diese gesteigerte Glaubwürdigkeit unterstützt nicht nur deine Vermarktung als Experte, sondern es kann – je nachdem, was du machst – auch deine Arbeit mit Klienten unterstützen. Ein Coach, der ein Buch über die erfolgreiche Beseitigung von Phobien geschrieben hat, wird oft feststellen, dass seine Methoden wirksamer sind als bei anderen Coaches, die dieselben Methoden anwenden. Glaube kann bekanntlich Berge versetzen und, wie man aus unzähligen Placebo-Studien weiß, auch Menschen heilen.

Dafür und auch für Vorteil #1 müssen die Menschen dein Buch natürlich nicht einmal gelesen haben. Es reicht, dass es das Buch mit deinem Namen als Autor darauf und dem passenden Titel gibt.

Vorteil #3 – Positionierung schärfen

Dein Buch schärft deine Positionierung auf zwei Arten. Erstens in der Außenwahrnehmung: Du wirst durch dein Buch verstärkt deinem Thema zugeordnet. Ganz nach dem Motto: „Ah, das ist doch die mit der Keto-Ernährung."

Doch nicht nur das. Ein Buch zwingt dich im Prozess seiner Entstehung auch genauer über deine Positionierung nachzudenken und diese zu schärfen, denn dein Buch sollte natürlich möglichst perfekt zu deiner Positionierung im Markt passen. Und nachdem deine Positionierung in Form deines Buchthemas dann gedruckt und bis in alle Ewigkeit dokumentiert ist, sollte sie natürlich wirklich passen und auf den Punkt sein. Nutze daher den Prozess, dein Buch zu schreiben auch immer gleich dafür, an deiner Positionierung zumindest ein wenig zu feilen.

Vorteil #4 – Neues Lernen

Ein kleiner, aber sehr feiner Vorteil, den ich beim Schreiben von Büchern immer wieder erfahre, ist, dass ich selber durch das Schreiben tiefer in ein Thema vordringe, ganz neue Erkenntnisse erlange und Neues lerne. Ein Buch zu schreiben, zwingt mich dazu, ein Thema in einer Art und Weise zu durchdenken, wie ich es davor oft noch nicht gemacht habe, weil es offenbar in dieser Tiefe nicht notwendig gewesen ist. Das bedeutet, ich wirke nicht nur kompetenter, sondern ich werde es auch.

Auch jetzt, während ich diese Zeilen schreibe, habe ich neue Erkenntnisse – sehe zum Beispiel neue Vorteile, die das Schreiben von Büchern für dich bringt, an die ich zuvor noch nicht gedacht habe. Das heißt:

„Schreiben ist Weiterbildung mit dir selbst."

Vorteil #5 – Ein 24/7-Verkäufer

Beschäftigen wir uns mit deinem Business. Was immer du anbietest, es muss vermarktet und bei vielen Experten auch in persönlichen Kundenkontakten verkauft werden. Dein Buch ist ein unermüdlicher Dauerverkäufer für deine Leistungen und Produkte. Ein Verkäufer, den du einmal zu Beginn bezahlst und der dann 24 Stunden am Tag und 7 Tage pro Woche – kein Urlaub, keine Feiertage – seinen Job macht.

Ganz im Gegenteil sogar. Gerade in der Urlaubszeit und an Feiertagen arbeitet dein Buch noch intensiver für dich. Das sind nämlich die Zeiten, in denen sich Menschen mehr Zeit zum Lesen nehmen. Darüber hinaus ist es ein Verkäufer, mit dem sich deine (potenziellen) Kunden stundenlang „unterhalten". Das schaffst meist nicht einmal du selbst.

Du hast – mittels deines Buches – eine halbe Ewigkeit Zeit, deinen potenziellen Kunden für dich und dein Angebot zu interessieren, ihn zu beeindrucken und ihn letztlich bereits zu überzeugen – und das oft noch bevor du überhaupt ein einziges Mal physischen bzw. persönlichen Kontakt gehabt hast.

Vorteil #6 – Türöffner für die Kaltakquise

Allen Unkenrufen zum Trotz: Es gibt sie immer noch die Kaltakquise und Direktansprache per Telefon. In etlichen Branchen und Bereichen ist es immer noch der direkteste und effizienteste Weg, um an neue Kontakte bzw. Kunden zu kommen. Wenn die Kaltakquise allerdings nicht ganz so kalt ist, steigen die Chancen naturgemäß an. Und da kommt dein Expertenbuch ins Spiel. Es hilft dir dabei, zu bestimmten, oft schwer erreichbaren Zielpersonen vor- bzw. durchzudringen.

Dabei gehst du am besten so vor: In einem ersten Schritt schickst du dein Buch an eine gut recherchierte, ausgewählte Zielperson. Am besten in einem diskreten (weiß, ohne Firmenaufdruck) Kuvert, händisch beschriftet und mit „persönlich / vertraulich" gekennzeichnet. Natürlich legst du dem Buch ein kleines Briefchen mit ein paar passenden, netten Zeilen bei, in denen du deinen folgenden Anruf ankündigst.

Und dann machst du genau das, was du angekündigt hast: Du rufst an. Das Buch hat für dich inzwischen Folgendes gemacht: Dich als Expertin bzw. Experte positioniert und – sofern der Empfänger vielleicht sogar bereits reingelesen hat – deine Botschaft übermittelt. Nachdem du dem Empfänger so etwas Wertvolles wie ein Buch geschenkt hast, ist der psychologische Druck, dir zumindest ein paar Minuten seiner Zeit am Telefon zu gewähren, sehr groß (in der Psychologie als Reziprozität bekannt). Auch die Chancen, den Kontakt in einem persönlichen Treffen zu vertiefen, sind dank des Buches deutlich gestiegen.

Vorteil #7 – High End Visitenkarte

Wenn ich ein Buch als High End Visitenkarte bezeichne, dann meine ich das nicht nur metaphorisch, sondern auch im sehr direkten Sinn. Du kannst dein Buch zusätzlich oder auch statt einer Visitenkarte jedem in die Hand drücken, dem du auch eine Visitenkarte geben würdest. „Ist das nicht zu teuer?", wirst du dich jetzt vielleicht fragen. Nein, ist es nicht (dazu später mehr) – zumal du vermutlich auch deine Visitenkarten nicht dutzendweise jeden Tag verteilst.

Es ist eine Visitenkarte, die niemals weggeworfen wird. Das macht man mit einem Buch so gut wie nie. Dagegen, um Bücher wegzuwerfen, haben die meisten Menschen – zum Glück und zu Recht – eine tiefsitzende Hemmung. Außerdem ist ein Buch optisch sehr viel auffälliger als eine normale Visitenkarte, die auch oft in den

Tiefen irgendwelcher Ablagen verschwindet. Dein Buch sicher nicht. Das steht im Regal oder liegt auf dem Schreibtisch oder Nachtkästchen und überdauert dort vermutlich sogar dein Business. Ich bin überzeugt, dass sich meine Bücher noch bei dem einen Leser oder der anderen Leserin befinden, wenn es mich einmal nicht mehr gibt.

Vorteil #8 – Hohe Kontaktqualität

Ein Buch ist ein Medium, über das Kontakt zu deiner Zielgruppe hergestellt wird. So gesehen steht es – aus Marketingsicht – in Konkurrenz mit Social Media, Netzwerken, Telefonmarketing und allen anderen Kanälen, auf denen du in Kontakt zu deiner Zielgruppe treten bzw. diesen auch halten kannst.

Im Vergleich zu den meisten anderen Kontaktpunkten, vermutlich sogar zu allen, hat ein Buch den riesigen Vorteil, dass die Kontaktqualität eine wesentlich bessere ist. Dein Interessent oder Kunde liest dein Buch und investiert so nicht nur die 15 oder 20 Euro, um es zu kaufen, sondern – sehr viel wertvoller – 5 bis 10 Stunden seiner Zeit, um es zu lesen. Das kann kaum ein anderer Kundenkontakt bieten. Auf Facebook und Co. ist es ein Klick oder auch mal ein Kommentar, doch meist ist der Kontakt in Sekunden wieder vorbei.

Dadurch, dass du in deinem Buch dem Leser tiefe Einblicke in dein Denken, deine Vorgehensweise und deine Kompetenzen gewährst, ist es, an der Kundenkontaktqualität gemessen, genauso wertvoll, wie wenn du viele Stunden mit dem Kunden in intensiven Gesprächen verbracht hättest – vielleicht sogar noch wirksamer.

Wie schon unter Vorteil #5 erwähnt, macht dein Buch nicht nur 24/7 Verkaufsarbeit für dich, sondern macht diesen Job auch noch auf exzellente Art und Weise in Bezug auf die Vertiefung des Kundenkontaktes. Nachdem ein Leser dein Buch gelesen hat, kennt er dich bereits sehr gut, zumindest was deine geschäftliche Seite betrifft.

Vorteil #9 – Angebote aufwerten

Nicht nur, aber speziell auch dann, wenn du schriftliche Angebote für Kunden erstellst, leistet dir dein Buch hervorragende Dienste. Du kannst (und solltest) dein Buch dem Angebot beilegen, wenn du es per Post verschickst (was oft die beste Variante ist). Dadurch wird dein Angebot deutlich aufgewertet.

Speziell dann, wenn dich der Empfänger deines Angebotes noch nicht sehr gut kennt, ist dein Buch ein großer Erfolgshebel und steigert deine Chancen deutlich, den Auftrag zu erhalten. Stell dir vor, dein zukünftiger Kunde braucht eine neue Heizungsanlage und bekommt drei schriftliche Angebote. Alle drei sind sich preislich ähnlich und inhaltlich wirken alle drei Angebote sehr vergleichbar. Bei deinem Angebot liegt allerdings dein Buch bei, das dich als Experten für nachhaltige Heiztechnologien auszeichnet. Dadurch wird sich dein Angebot von denen der Mitbewerber deutlich abheben. Die Chancen, dass du den Auftrag erhältst, sind durch dein Buch deutlich gestiegen.

Vorteil #10 – Zusatzeinkommen durch Buchverkäufe

Lass uns ein wenig über das liebe Geld sprechen. *„Mit Büchern lässt sich kein Geld verdienen!“*, hört man oft. Das stimmt so nicht – wie vieles, das man oft hört. Mit Büchern lässt sich sehr gutes Geld verdienen und nicht nur, wenn man Stephen King heißt. Auch Ratgeber, Sachbücher und Fachbücher aller Arten können schöne bis sehr hohe Tantiemen abwerfen.

Es stimmt, dass die allermeisten Bücher kein Geld verdienen, weil sie sich so gut wie gar nicht verkaufen. Daran ist oft nicht der Inhalt des Buches schuld, sondern ein schlechtes Cover, ein schwacher Titel und vor allem die schlechte bzw. gar nicht existierende Vermarktung. Mit den wichtigsten Punkten, auf die du in deinem Buchprojekt achten musst, sowie den häufigsten Fehlern werde ich mich etwas später noch einmal eingehend beschäftigen.

Ein professionell gemachtes Buch, das du selbst publizierst und ordentlich vermarktest, bringt dir oft ein paar hundert Euro pro Monat, manchmal auch deutlich mehr, wie du an den konkreten Zahlenbeispielen aus meinem eigenen Verlag bereits sehen konntest. Reich wirst du mit einem einzelnen Expertenbuch vermutlich nicht, zumindest nicht durch das Buch selbst.

Wirklich viel Geld bringen dir die Produkte und Leistungen, die du mithilfe des Buches verkaufst. Dabei kann dir ein Buch – je nachdem, was du verkaufst und in welcher Art Business du zu Hause bist – ein Zusatzeinkommen von vielen Tausend oder auch vielen hunderttausend Euro bescheren. Wenn ich raten müsste, dann bewegen sich die Umsätze, die der bereits erwähnte Richard David Precht nicht mit seinen, sondern durch seine Bücher erzielt hat und immer noch erzielt, im Millionenbereich.

Vorteil #11 – Medienberichte

Dein Buch ist ein hervorragender Aufhänger für Kontakte mit Medien – online, aber vor allem auch offline. Bei all dem Wirbel um die Digitalisierung dürfen gedruckte Zeitungen und Zeitschriften sowie das gute alte Fernsehen sowie das Radio nicht außer Acht gelassen werden. Diese Medien haben immer noch hohe Auflagen und vor allem sehr viel mehr Glaubwürdigkeit als Social Media. Schließlich kann auf Facebook jeder etwas posten, aber in den Wirtschaftsteil der Frankfurter Allgemeinen Zeitung schafft es nicht jeder – du mit deinem Buch, wenn es dort hinpasst, schon.

Um klassische Pressearbeit zu betreiben und Erwähnungen, Interviews, Gastartikel etc. in Medien zu bekommen, ist dein Buch sehr gut geeignet. Im Lokalblatt bist du mit deinem Buch in jedem Fall. Da reicht es meist ein Bild von dir als Autor, vom Cover deines Buches und am besten auch eines, das dich mit dem Buch zeigt sowie einen Text hinzuschicken und der Redakteur wird sich in den meisten Fällen freuen, etwas Tolles aus der Region berichten zu können, mit dem er die Seiten füllen kann.

Doch auch überregionale und nationale Medien haben viel Platz für Bücher und Autoren. Blättere diese durch und lenke dabei den Fokus auf Bücher und Autoren und du wirst diese immer wieder antreffen.

Ich selbst bin mit dem ein oder anderen Buch immer wieder in allen möglichen medialen Kanälen vertreten – in Magazinen, Tages- und Wochenzeitungen, im Radio und auch im Fernsehen – und das, obwohl sich meine Themen schlecht für die Medien eignen, die ein breites Zielpublikum ansprechen. Wenn du also über ein Thema schreibst, das viele Menschen betrifft, wird dir das noch sehr viel leichter gelingen.

Vorteil #12 – Material für online Kanäle

Durch diese Medienberichte erhältst du mit deinem Buch mehr Sichtbarkeit sowohl online als auch offline. Doch nicht nur dadurch. Das Buch selbst, seine Inhalte, aber auch sein Entstehungsprozess liefern dir nahezu endlos viel Material für deine online Kanäle – Postings auf Social Media sowie Inhalte für deinen Podcast und Blogbeiträge (natürlich jeweils auch für Podcasts und Blogs möglicher Kooperationspartner).

Dabei kann bzw. sollte deine mediale Arbeit nicht erst beim Erscheinen des Buches beginnen. Schon lange vorher, bei der Idee zum Buch etwa, kannst du bereits die erste Info dazu online stellen.

Indem du deine Community an der Entstehung des Buches teilhaben lässt – so wie ich das mit diesem Buch gemacht habe, indem ich jeden Tag meine Fortschritte dokumentiert und auf Facebook und LinkedIn gepostet habe – gewinnst du bereits erste Leser, die idealerweise dein Buch dann bereits mit Spannung erwarten.

Vorteil #13 – Kostenlose Werbung

Wenn ich an dieser Stelle von kostenloser Werbung spreche, dann meine ich nicht die organische Reichweite deiner Posts bzw. die Berichte in den Medien, sondern echte, bezahlte Werbung. Und ja, diese ist – wenn du es geschickt anstellst – sozusagen kostenlos. Was meine ich damit? Lass mich das dir anhand meiner eigenen Zahlen vor Augen führen.

Ich habe seit Oktober 2019, seit ich die Buchvermarktung aktiv betreibe, bis Ende 2023 an die 100.000 Euro für die Bewerbung meiner Bücher auf Amazon ausgegeben. Damit habe ich ca. 200 Millionen Impressionen erzielt. Das bedeutet, so viele potenzielle Leser haben meine Bücher gesehen. Die Anzeigen angeklickt und damit einen genaueren Blick darauf geworfen haben ca. 250.000 Menschen (Stand Ende 2023).

Meine Tantiemen-Einnahmen durch meine Bücher beliefen sich in diesem Zeitraum auf knapp 260.000 Euro. Das heißt, man könnte sagen, meine Bücher haben für mich Geld verdient und die riesige Sichtbarkeit über die bezahlten Anzeigen habe ich kostenlos zusätzlich erhalten.

So betrachtet würde es für mich und auch für dich sogar Sinn ergeben, wenn ich mit den Büchern selbst gar nichts verdienen würde. Denn die Sichtbarkeit, die ich damit bekomme und der damit verbundene Werbeeffekt verkaufen zusätzliche Leistungen von mir, mit denen ich dann Geld verdiene.

Vorteil #14 – Perfektes Einstiegsprodukt

Beim Verkauf von Produkten hat es sich in vielen Branchen als sinnvoll erwiesen, in Produktsystemen zu denken, statt nur voneinander losgelöste Einzelprodukte oder -leistungen anzubieten. Und so ein Produktsystem beginnt oft bei einem kostenlosen Produkt (Freebie genannt), mit dem man die Mailadresse des potenziellen Kunden als Tauschobjekt in den eigenen Verteiler aufnehmen kann.

In einem nächsten Schritt sollte die Zielperson dann etwas kaufen und da es ein Erstkauf ist, ergibt es in vielen Fällen Sinn, die finanzielle Latte niedriger zu legen. Ein Buch eignet sich sehr gut für genau diesen Zweck, als günstiges Einstiegsprodukt – und nicht nur das. Wie oben erwähnt, fungiert es ja auch als dein 24/7 Verkäufer, für den der Kunde sogar noch bezahlt.

Spezialstrategie „Free-plus-Shipping“

Eine andere Variante, die aktuell häufig genutzt wird, ist das Buch direkt (statt einem Freebie) in Form eines „Free plus Shipping“-Angebotes zu nutzen. Dabei bezahlt der Kunde nur die Versandkosten und bekommt das Buch in gedruckter Form kostenlos. Dabei muss der potenzielle Kunde zumindest ein paar Euro bezahlen (meist um die 6). Damit filterst du diejenigen Besucher deiner Kanäle heraus, die jedes Angebot in Anspruch nehmen, solange es kostenlos ist, aber nicht bereit sind, auch nur ein paar Euro für ein gutes Buch zu bezahlen. Die willst du nämlich ohnehin nicht in deiner Liste oder Datenbank haben.

Natürlich kannst du auch das E-Book als Freebie verwenden, um die Adresse eines potenziellen Kunden zu erhalten. Du siehst also, es gibt viele Möglichkeiten, mit deinem Buch als Produkt mit potenziellen Kunden in Kontakt zu kommen. Das Gute an all diesen Varianten ist, dass das Buch selbst durch seine Inhalte die Interessenten filtert. Das heißt, ein Buch über Rosenzucht von einem Gärtner geschrieben, werden sich nur Menschen kaufen bzw. kostenlos downloaden, die an dem Thema interessiert sind.

Vorteil #15 – Mehr Kundenanfragen

All die bereits erwähnten Vorteile führen dazu, dass du mehr Kundenanfragen erhältst. Vor allem dann, wenn du bisher – wie ich früher – viel aktive Akquise gemacht hast, stellt das einen Paradigmenwechsel dar – vom Push- zum Pull-Marketing. Du erzeugst mit dem Buch einen Sog, der die Kunden ganz automatisch zu dir bringt. Dabei bekommst du im Normalfall nicht nur irgendwelche Anfragen, sondern sehr viel hochwertigere als über die meisten anderen Kontaktpunkte, was, wie erwähnt, damit zu tun hat, dass ein Buch als ein sehr seriöses und glaubwürdiges Medium gilt.

Außerdem kommen diese neuen Kunden bereits sehr gut vorbereitet zu dir. Sie haben dein Buch bereits gelesen oder zumindest durchgeblättert. Du bist als Experte schon vorverkauft und brauchst deine Kompetenz nicht mehr unter Beweis zu stellen. Du brauchst auch nicht mehr lange erklären, was du machst und wie. Auch das hat dein Buch bereits für dich getan. Das Einzige, das es in vielen Fällen für dich nur noch zu tun gibt, ist es, ein Angebot zu machen bzw. einfach nur Ja zu dem Kunden zu sagen.

Vorteil #16 – Höhere Honorare/ höheres Einkommen

Interessenten, die dermaßen vorbereitet von sich aus mit dir in Kontakt treten, sind natürlich bereit, mehr Geld für deine Produkte bzw. Leistungen auszugeben als für vergleichbare Produkte und Leistungen anderer. Die Expertin oder der Experte – dokumentiert durch dein Buch – kann es sich nicht nur leisten, höhere Honorare und Preise zu verlangen, sondern wird diese auch erhalten. Bei Rednern, so lautet die Daumenregel, steigert ein Buch das Honorar um etwa 1.000 Euro und das ist eine Tätigkeit, bei der es Pflicht ist, ein Buch geschrieben zu haben.

Als Autorin oder Autor musst du (auch, wenn das seltsam klingt) sogar mehr verlangen, um der durch dein Buch aufgebauten Erwartungshaltung auch gerecht zu werden. Höhere Honorare und Preise führen im Normalfall auch zu höheren Umsätzen, vor allem aber auch zu höheren Erträgen. Es bleibt dir mehr von dem, was du einnimmst.

Geld verdienen mit deinem Expertenbuch

Das bedeutet, dass dein Buch sich auf die Höhe deines Einkommens in mehrfacher Hinsicht auswirkt:

- Du erzielst Tantiemen mit dem Buch selbst. Das ist im Normalfall der kleinere Teil, solange du nicht mehrere bis viele Bücher publiziert hast, die sich gut verkaufen.
- Du verkaufst mehr, da durch die stark erhöhte Reichweite und Sichtbarkeit mehr potenzielle Kunden von sich aus auf dich zukommen und bei dir kaufen wollen.
- Du verkaufst deine Produkte und Leistungen zu höheren Preisen, weil du als Buchautor bzw. -autorin „mehr wert“ bist.

... und mehr Einheiten multipliziert mit höheren Preisen, das ist ein enormer Einkommensturbo.

Ich selbst erhalte laufend Anfragen für Beratungen oder auch Vorträge, bei denen sich im Verlauf des Kontaktes mit dem Kunden herausstellt, dass dieser eines meiner Bücher oder oft sogar mehrere bereits gelesen hat und jetzt den nächsten Schritt gehen und persönlich mit mir arbeiten will.

Vor Kurzem erhielt ich eine besonders interessante Anfrage für einen Vortrag bei einem Vertriebsmeeting eines Pharmaunternehmens. Sie wollten nicht nur einen Vortrag von mir, sondern auch 100 Stück meines Buches „Verkaufen ohne ABER“ von mir signiert kaufen. Laut Aussage des Kunden gefällt ihnen das Buch so gut, dass es zur Ausbildung der Vertriebsmitarbeiter eingesetzt werden soll. Leider hatte ich keine Zeit, den Vortrag zu halten, da ich bereits von einem anderen Kunden gebucht war. Da ich ungern absage, hatte ich dem Kunden vorgeschlagen, dass meine Frau, Regina Kmenta – die ebenso Rednerin ist und verfügbar war – den Vortrag halten könnte. Der Kunde stimmte zu und meine Frau brillierte mit ihrem Vortrag. Das heißt aber auch, dass die Wirkung des Buches so stark war, dass man sogar einen anderen Vortragenden in Kauf nahm.

Wenn du auch in einem Bereich tätig bist, in dem du nicht nur mit Einzelpersonen oder sehr kleinen Gruppen arbeitest, sondern es immer wieder auch mit größeren Gruppen in Unternehmen und Organisationen zu tun hast, ist der Aspekt, dein Buch in größerer Stückzahl direkt an Kunden zu verkaufen, kein uninteressanter. Ich selbst habe immer wieder solche Anfragen und habe in Einzelfällen schon über 1.000 Bücher an einzelne Kunden verkauft. Wenn ich in diesen Teil des Geschäftes, den B2B-Direktverkauf meiner Bücher, noch mehr Zeit investieren würde bzw. jemanden damit beauftragen würde, bin ich überzeugt, dass dieser deutlich ausbaubar wäre.

Vorteil #17 – Deine Botschaft verbreiten

Wenn es dir darum geht, deine Botschaft zu verbreiten und möglichst viele Menschen damit zu erreichen, dann ist ein Buch eines der allerbesten Medien. Natürlich kannst du auf den Sozialen Medien mehr Menschen erreichen als dein Buch kaufen, aber die Menge, Qualität und Glaubwürdigkeit deiner Botschaft ist über dein Buch vermittelt sehr viel besser als mit ein paar Posts auf Facebook oder Instagram. Und das eine schließt das andere nicht aus, ganz im Gegenteil.

Für viele große Bewegungen und Religionen hat ein Buch genau das gemacht: Die Botschaft an Millionen oder sogar Milliarden Menschen verbreitet. Die Bibel, der Koran, das Kapital – keine große Bewegung ohne ein Buch als wesentlichen Stützpfeiler. Und wenn es als Stützpfeiler für derart Großes dienen kann, dann ist die Aufgabe, dasselbe für Ihr Business zu leisten, eine verhältnismäßig einfache.

Vorteil #18 – Der Nachwelt etwas hinterlassen

Nach all diesen vor allem wirtschaftlichen Gründen für dich ein Buch zu schreiben, habe ich zum Abschluss dieses Abschnitts auch noch zwei weitere mitgebracht, die mit deinem Business nicht unbedingt zu tun haben, aber deshalb nicht weniger wichtig sind. Für manche sind es vielleicht auch die wichtigsten Gründe, ein Buch zu schreiben.

Immer wieder geben mir Menschen auf die Frage, warum sie ein Buch schreiben wollen, als Antwort, dass sie der Nachwelt etwas hinterlassen wollen. Und ja, diesen Zweck kann ein Buch hervorragend erfüllen. Ich habe mich in der Schule im Lateinunterricht durch die schriftlichen Hinterlassenschaften von Cäsar, Ovid und vielen anderen gequält und das sind Werke, die 2.000 Jahre oder älter sind.

Jetzt würde ich es natürlich nicht wagen, eine Prognose für die nächsten 2.000 Jahre zu erstellen, doch die Wahrscheinlichkeit, dass es dein Buch länger gibt als dich (ich weiß, das mag hart klingen) ist sehr hoch. Deine Kinder und Kindeskinder werden dein Buch noch besitzen, wenn du nicht mehr da bist und es wird vermutlich von Generation zu Generation weitergereicht.

Vorteil #19 – Ein g..... Gefühl

Last but not least ist es einfach ein nahezu unschlagbar geiles Gefühl, sein eigenes Buch erstmals in den Händen zu halten. Das weiß ich aus eigener x-facher Erfahrung. Doch auch wenn man so wie ich schon etliche Bücher publiziert hat, ist der Moment, in dem man den Karton mit den ersten gedruckten Exemplaren seines neuen Buches öffnet, ein fantastischer. Ich kann es dir nicht noch besser beschreiben. Du musst es einfach selbst erleben.

Wenn du noch nicht ganz überzeugt warst, dein Buchprojekt endlich anzugehen und dein Buch zu schreiben, dann solltest du es – so hoffe ich – jetzt sein. Kaum etwas anderes, das du für dein Business tun kannst, hat so viele Vorteile für dich. Und solltest du an dieser Stelle noch Bedenken haben bezüglich der Kosten, der vielen Zeit, die es zum Schreiben braucht etc., dann verspreche ich dir, dass ich diese Bedenken in den folgenden Kapiteln zerstreuen werde.

WAS FÜR EINE ART BUCH SOLL ES WERDEN?

Ist dein Entschluss „Ein eigenes Buch muss her!“, erst einmal gefasst, knüpfen sich einige weitere Fragen daran. Die vielleicht Erste und eine der Grundlegendsten ist: „Welche Art von Buch soll ich denn überhaupt schreiben?“

Daher lass mich kurz erläutern, welche Art von Büchern es gibt, damit du dir klarer darüber werden kannst, was für ein Buch du schreiben willst. Vorweg sei gesagt, dass die Definition der folgenden Begriffe in der Verlagsbranche gar nicht so einheitlich ist, wie man meinen könnte. Daher eine Definition aus meiner Sicht, die vermutlich aber die Zustimmung vieler Branchenkollegen finden wird.

Das Sachbuch

Ein Sachbuch beschäftigt sich mit einem Thema, das oft breite gesellschaftliche Relevanz hat. Dabei kann es um Politik, Wissenschaft, Kunst, Wirtschaft oder auch ganz andere Themenbereiche gehen. Oft wird ein Thema kontroversiell, manchmal stark polarisierend oder konträr zur allgemeinen Meinung gebracht. Der Autor vertritt seine Sichtweise dazu und regt zum Nachdenken bzw. zu Diskussionen an. Der Umfang eines Sachbuches beträgt meist so um die 200 Seiten.

Beispiele für Sachbücher sind:

- Generation beziehungsunfähig (von Michael Nast)
- Dodoland (von Martin Limbeck)

- Demokratie braucht Religion (von Hartmut Rosa)

Sachbücher finden sich gefühlt öfter als andere Buchkategorien auf den Bestsellerlisten von Spiegel, New York Times oder ähnlich breit angelegten Rankings, da das Zielpublikum, wie erwähnt, oft ein weit gefasstes ist. Sachbücher werden meist von Menschen gekauft, die an einem Thema interessiert sind und sich zu diesem weiterbilden bzw. sich einen Überblick verschaffen wollen. Auch kontroversielle Sichtweisen können der Auslöser für den Kauf eines Sachbuches sein.

Wenn du also das Ziel hast, mit deinem Buch Spiegel-Bestsellerautor zu werden, dann könntest du auch ein Sachbuch schreiben (wenngleich das mit einem Ratgeber auch geht). Aber auch ganz generell sind Sachbücher durchaus eine lohnenswerte Variante, die sich für Experten zu schreiben anbietet. Aber Achtung: Meines Erachtens ist es schwieriger, ein gutes Sachbuch zu schreiben als einen guten Ratgeber zum Beispiel.

Der Ratgeber

Ein Ratgeber ist relativ einfach zu erklären: Er sagt dem Leser, wie er ein bestimmtes Problem löst. Es ist ein sehr nutzenorientiertes Buch mit konkreten Tipps und Anleitungen für die Leser. Den Themen sind beim Ratgeber absolut keine Grenzen gesetzt und jede noch so kleine Nische hat Platz für einen Ratgeber. Ich selbst habe zum Beispiel ein Buch mit dem Titel „Angebote erfolgreich nachfassen“ geschrieben, das einen sehr kleinen Aspekt des Verkaufens behandelt. Viel nischenspezifischer ginge es nur, wenn ich dieses Buch auch noch für einzelne Branchen adaptieren würde.

Ratgeber haben oft zwischen 100 (Kurzratgeber manchmal auch unter 100) und 200 Seiten. Ich selbst schreibe meistens Ratgeber. Ein Experte kann relativ einfach auch mehrere Ratgeber zu einem Thema schreiben, die verschiedene Aspekt abdecken. So könnte ein Experte für

Hundezucht zum Beispiel einen Ratgeber für jede einzelne Rasse, die seine Expertise umfasst, verfassen. Eine Expertin für Kindererziehung könnte mehrere Ratgeber gestaffelt nach Alter schreiben – von 0 bis 2, von 2 bis 5, von 5 bis 7 usw.

Ratgeber werden sehr gerne von Menschen gekauft, die eine Lösung für ein ganz bestimmtes Problem suchen und sollten von diesen ohne große Anstrengung gelesen werden können.

Gerade für Erstautoren sind Ratgeber durchaus empfehlenswert. Sie sind nicht allzu lang und nicht sehr schwierig zu schreiben. Eine Struktur ergibt sich oft aus dem Thema heraus und ist rasch erstellt.

Fachbuch

Ein Fachbuch ist, wie der Name bereits vermuten lässt, etwas für Fachleute. Es geht in einem bestimmten Thema sehr in die Tiefe und Breite. Deshalb sind gute Fachbücher auch oft sehr umfangreich. Eine Seitenanzahl von mehreren hundert Seiten ist keine Seltenheit. Es wendet sich an eine Leserschaft, die selbst Experten in diesem Gebiet sind und sich weiterbilden wollen. Fachbücher haben oft einen stark wissenschaftlichen Hintergrund (was auch ein wenig vom Thema abhängt). Unterrichtsmaterialien an Universitäten sind oft Fachbücher.

Ein Fachbuch zu schreiben, würde ich nur sehr wenigen Experten empfehlen, vor allem dann nicht, wenn es ein Erstlingswerk sein soll. Es dauert sehr viel länger, ein gutes, fundiertes Fachbuch zu schreiben und es wird in den meisten Fällen vermutlich weniger häufig tatsächlich gelesen. Oft dient es als Nachschlagewerk zu einem bestimmten Thema.

Gleichzeitig übertrifft es in Sachen Seriosität und Glaubwürdigkeit natürlich die anderen Formate bei Weitem. Es steigert die wahrgenommene Kompetenz des Autors in seinem Thema nahezu ins

Uferlose. Wenn das in deinem Bereich besonders wichtig ist, dann kannst du natürlich ein Fachbuch schreiben, wenn nicht, würde ich dir eher davon abraten. Auf Spiegel-Bestsellerlisten erscheinen Fachbücher selten bis nie.

Expertenbuch

Ein Expertenbuch ist eine Bezeichnung, die es bei Verlagen – meines Wissens – so gar nicht gibt, was nicht bedeutet, dass wir sie nicht verwenden können. Ein Expertenbuch ist ein Buch, dein Buch, das du als Expertin oder Experte als Autor veröffentlicht hast. Das kann ein Sachbuch, ein Ratgeber oder in manchen Fällen auch ein Fachbuch sein. Es hilft dir, dich als Experte zu positionieren, deine Expertise zu unterstreichen und so deinen Expertenstatus zu erhöhen. Es ist deine Visitenkarte auf dem Markt und zeigt, dass du nicht irgendjemand bist, sondern DER Experte oder DIE Expertin in einem bestimmten Thema. Es ist genau das Buch, das jeder, der sich wirklich intensiv mit einem Thema auseinandersetzt und mit diesem Thema sein Geld verdient, geschrieben haben sollte.

Es ist auch das Buch, das ich dir empfehle zu schreiben, speziell – aber nicht nur – wenn du Erstautor oder -autorin bist.

Auf der Ressourcenseite zum Buch findest du unter anderem einen kompakten Kurs, der dich dabei unterstützt:

- das Thema für dein Buch zu finden,
- die Art des Buches zu definieren,
- das inhaltliche Konzept und die Struktur für dein Buch festzulegen,
- einen guten Titel zu kreieren und

- die Zeit zum Schreiben zu finden bzw. das Schreiben selbst auszulagern.

Mehr dazu findest du unter: https://www.romankmenta.com/autor-werden-ressourcen/

Ob dein Buch für dich erfolgreich werden kann oder nicht, entscheidet sich bereits hier, ganz zu Beginn des Projektes. Viele Autoren machen sich Gedanken, weil sie meinen, ihr Schreibstil würde nicht genug sein für ein erfolgreiches Buch. Unter uns gesagt: Dein Schreibstil hat mit dem Erfolg deines Buches wenig bis gar nichts zu tun. Zumal es ja auch Profis gibt, die dein Buch – wenn wirklich nötig optimieren können.

Die Erfolgsfaktoren sind andere: das Thema, das Konzept, die Struktur und nicht zuletzt der Titel und das Cover (zu dem wir später noch kommen). Und wenn du diese Weichen nicht von Beginn an richtig stellst, ist es schwierig, aufwändig und oft auch unmöglich, das später noch zu korrigieren.

DIE ANTWORTEN AUF DIE GRUNDLEGENDEN FRAGEN ZU DEINEM BUCHPROJEKT

Verlag suchen oder selber machen?

Das ist eine der grundlegendsten Fragen, die sich jeder angehende Autor nicht nur stellen sollte, sondern notgedrungen stellen muss: Soll ich mit einem klassischen Verlag zusammenarbeiten oder soll ich mein Buch im Eigenverlag herausbringen?

Noch vor einem guten Jahrzehnt war diese Frage keine wirkliche. Den Eigenverlag als Möglichkeit, ein Buch auf den Markt zu bringen, gab es zwar schon, diese steckte aber im Vergleich zu heute noch in den Kinderschuhen. Der Eigenverlag war damals in der öffentlichen Meinung nur etwas für Autoren, die es nicht geschafft hatten, einen Verlag für ihr Buchprojekt zu begeistern – vermutlich, so könnte man still und heimlich unterstellen, weil das Buch nicht gut genug war.

Die Zeiten haben sich geändert – dramatisch sogar. Ich kenne etliche sehr erfolgreiche Autoren, die ihre großartigen und sehr erfolgreichen Bücher niemals einem Verlag geben würden. Ich selbst frage mich ab und an, wenn ich eine neue Idee für ein Buch habe, ob ich mich damit an einen Verlag wenden sollte. Die Antwort auf diese Frage lautet regelmäßig: Warum sollte ich diese gute Idee an einen Verlag geben? Gründe, die dafür sprechen, finde ich meist sehr wenige.

Du merkst schon, ich habe zwar selbst auch ein paar Bücher mit Verlagen herausgebracht, aber dabei gelernt, dass ich das im

Normalfall besser über meinen eigenen Verlag mache. Ich werde mich bemühen, dir in den nächsten Absätzen dennoch möglichst sachlich die Vor- und Nachteile aufzuzeigen, die dir die eine und auch die andere Variante bringen. Und ja, es gibt definitiv auch Fälle bzw. Autoren, die besser beraten sind, mit einem Verlag zu arbeiten.

Vorteile in der Zusammenarbeit mit einem Verlag

- **Ein Verlag nimmt dir Arbeit ab**

Ein guter Verlag versteht sein Handwerk und nimmt dir Arbeit ab. Gerade für Erstautoren gibt es eine Vielzahl von Dingen, die getan werden müssen und das in der richtigen Reihenfolge. Die Verantwortlichen im Verlag wissen, was es braucht, um ein Buch zu veröffentlichen. Du brauchst dich nicht um ein Korrektorat, Lektorat, die Grafik, den Druck, Vertrieb usw. zu kümmern.

Auch die Titelfindung macht der Verlag, wobei du im Normalfall ein Mitspracherecht hast. Wenn der Lektor im Verlag eine lange Erfahrung gepaart mit einem guten Gespür hat, was der Markt gerade will, kann das definitiv ein Vorteil sein, dass der Titel sowie auch das Cover vom Verlag festgelegt wird. Das bedeutet aber auch nicht unbedingt, dass das Gespür und die Ideen des Lektors besser ist als deines. Er hat zwar deutlich mehr Ahnung vom Buchmarkt als du, du hast dafür aber sehr viel mehr Ahnung von deinem Thema und dem Markt, in dem sich deine Zielkunden, die zukünftigen Leser deines Buches aufhalten.

Darüber hinaus muss aber auch gesagt werden, dass all diese Tätigkeiten, die der Verlag für dein Buch übernimmt, auch ganz normal auf dem freien Markt hinzugebucht werden können und das in professioneller Qualität. Kleine Verlage decken auch nicht immer all diese Tätigkeiten im Haus mit eigenen Mitarbeitern ab, sondern greifen auf dieselben Dienstleister zurück, die dir auch zur Verfügung stehen. Das Projektmanagement für dein Buchprojekt und die richtige Kombination all dieser Dinge ist die eigentliche Kernverlagsleistung, könnte man sagen, doch auch das kannst du auf dem Markt kaufen, indem du dir einen passenden Coach buchst.

Dazu haben wir für dich ein Angebot entwickelt, das dich dabei unterstützt, all das professionell und mit überschaubarem Aufwand selbst zu organisieren. Auf der Ressourcenseite zum Buch findest du mehr dazu: https://www.romankmenta.com/autor-werden-ressourcen/

- **Ein Verlag nimmt dir Kosten und Risiko ab**

Einhergehend mit den verschiedenen Dingen, die bei der Produktion eines Buches zu tun sind – Covergestaltung, Lektorat, Buchsatz, Druck etc. – und die dir der Verlag wie eben beschrieben abnimmt, trägt der Verlag auch die Kosten dafür. Damit übernimmt der Verlag auch das Risiko der Buchproduktion. Wenn zu wenig verkauft werden würde, bleibt der Verlag auf den Kosten und den gedruckten Büchern sitzen. Du hast „lediglich" Zeit und Mühe investiert, das Buch zu schreiben und deinerseits Marketingmaßnahmen umzusetzen.

Gleichzeitig sind diese Kosten überschaubar. Bei meinen eigenen Buchproduktionen investiere ich – je nach Buch und Umfang – 1.000 bis 1.500 Euro für die Aufgaben, die unmittelbar mit der Erstellung des fertigen Buches zusammenhängen. Hinzu kommen beim Verlag vor allem noch die Druckkosten für eine Auflage von häufig 1.000 - 2.000 Stück á 2 - 5 € (je nach Gestaltung und Umfang). Allerdings brauchst du – wenn du dein Buch selbst verlegst – das Buch nicht vorab zu drucken und hunderte oder gar tausende Bücher in deiner Garage zu stapeln.

- **Der positive Effekt des Verlagslogos**

Das Verlagslogo ziert beim Verlagsbuch natürlich auch das Cover deines Buches. Wenn es sich dabei um einen bekannten und renommierten Verlag handelt, kann der Abstrahleffekt der bekannten Verlagsmarke dein Buch qualitativ hochwertiger erscheinen lassen und deinen Expertenstatus steigern. Das Argument hat für ein paar wenige in dem jeweiligen Genre bekannte Verlage durchaus Gültigkeit, gerade wenn es etwa um sehr hoch spezialisierte Fachverlage geht. Wirklich entscheidend für den Kauf deines Buches ist das Verlagslogo hingegen nicht. Kein Mensch kauft sich das neueste Buch vom XY Verlag, sondern immer nur ein Buch zu einem bestimmten Thema oder das neueste Buch eines Autors, den sie schätzen. Dazu brauchst du nur darüber nachzudenken, nach welchen Kriterien du selbst ein Buch kaufst. Wie groß ist die Rolle, die das Verlagslogo dabei spielt?

Du könntest aber auch an ein bestimmtes Buch denken, das du vor Kurzem gelesen hast oder vielleicht sogar gerade liest. Zwei Fragen dazu: Kennst du den Namen des Autors? Vermutlich, aber auch nicht sicher. Ich selbst stelle soeben fest, dass ich diesen bei zwei von vier Büchern, die ich gerade lese, nennen kann, die anderen beiden habe ich vor allem aufgrund des Themas gekauft. Die zweite Frage lautet: Kannst du den Verlag nennen, der dieses Buch bzw. diese Bücher herausgebracht hat?

So viel zur Bedeutung der Markenbekanntheit des Verlages. Natürlich gibt es einige relativ bekannte und große Verlage, doch die Mehrzahl der Verlage ist einer breiteren Öffentlichkeit unbekannt.

- **Ein Verlag vermarktet dein Buch**

Wenn du gar keine Ahnung hast, wie du dein Buch vermarkten und an die Leser bringen kannst, kannst du darauf zählen, dass der Verlag auch das für dich macht. Allerdings stehen an dieser Stelle ein paar sehr große, fette Abers.

Erstens weist dich ein guter Verlag darauf hin, dass du dich zumindest AUCH um die Vermarktung deines Buches kümmern musst. Oftmals werden die Konzepte von Autoren auch deshalb von Verlagen akzeptiert, weil der Autor selbst eine große mediale Reichweite oder einen hohen Bekanntheitsgrad hat. Wenn Angela Merkel sich entscheiden würde, ein Buch zu schreiben, würde es in jedem Fall ein Bestseller und jeder halbwegs passende Verlag würde das Projekt mit Handkuss übernehmen.

Zweitens musst du bedenken, dass dein Buch nicht das einzige ist, das der Verlag herausbringt, nicht in diesem Monat und bei größeren Verlagen auch nicht in dieser Woche. Das heißt, die Ressourcen des Verlages, was die Zeit der verlagsinternen Experten und auch das Budget für die Vermarktung angeht, verteilen sich auf mehrere bis viele Buchprojekte.

Ich habe selbst drei Bücher mit Verlagen herausgebracht und bei ein paar weiteren Verlagsbüchern mitgeschrieben und für kein einziges dieser Bücher wurde jemals Werbung auf Amazon, den für meine Art von Büchern wichtigsten Vertriebskanal, geschaltet. Und das ist nicht einmal das Schlimmste. Dadurch, dass nicht ich es bin, der die Bücher bei Amazon einliefert, könnte ich selbst – auch wenn ich das wollte – rein technisch betrachtet auch keine Werbung darauf schalten. Und für die allermeisten Bücher auf Amazon gilt: Was nicht beworben wird, wird nicht und schon gar nicht dauerhaft wahrgenommen. Fairerweise muss ich allerdings anmerken, dass viele Verlage heutzutage sehr wohl Werbung auf Amazon schalten.

Was die sonstige Vermarktung angeht, so macht ein guter Verlag für einen nicht sonderlich prominenten oder bekannten Autor sicher das

Standardprogramm, was Vermarktung angeht: Dein Buch im Verlagskatalog und auf der Verlagswebsite, eine Presseaussendung und heutzutage wohl auch den einen oder anderen Post auf den Social-Media-Kanälen des Verlages. Und ja, eine Presseaussendung eines renommierten Verlagshauses hat in vielen Fällen mehr Gewicht als eine, die der Autor selbst verschickt.

Alles in allem darfst du dir aber auch nicht allzu viel erwarten. Ein Verlag hat eben mehrere bis viele Bücher zu vermarkten und kann deinem Buch dabei niemals die Aufmerksamkeit, die Zeit und so viel Budget widmen, wie du es selbst kannst. Und ja, natürlich heißt es bei der Vermarktung eines Verlagsbuches nicht entweder der Verlag oder der Autor, sondern es muss immer beides heißen.

Dabei ist es sicher auch sinnvoll, für den angehenden Autor einen Blick auf die Social-Media-Kanäle des Verlages und die Anzahl der Follower, deren Interaktionsfreudigkeit sowie die Menge und Art der Posts zu werfen. Auf welchen Kanälen ist dieser Verlag überhaupt zu finden? Ich habe das in der Recherche für dieses Buch im Hinblick auf meine Themenbereiche gemacht. Das Ergebnis: Die online Reichweite vieler Verlage ist eher dürftig, die Anzahl der Follower ist meist weit unter meinen und auf so manchem Kanal sind die Verlage gar nicht zu finden.

Das bedeutet nicht, dass gute Verlage nicht einen professionellen Job in der Vermarktung deines Buches machen können und in vielen Fällen auch machen, ist aber ein Hinweis darauf, dass deren Stärke oft (noch) nicht im digitalen Bereich liegt.

- **Ein Verlag bringt dein Buch in den Buchhandel**

Diesen Punkt möchte ich extra anführen, obwohl er ja auch Teil der Vermarktung ist. Wenn dir wichtig ist, dass dein Buch im Buchhandel aufliegt, dann wirst du das über einen Verlag im Normalfall deutlich leichter schaffen, als wenn du es selbst verlegst. Gute Verlage haben auch Vertriebsmitarbeiter, die den Buchhandel typischerweise zweimal pro Jahr (Frühjahr und Herbst) mit dem neuen Programm besuchen und dem Handel Bücher empfehlen.

Die Zahl der Bücher der verschiedenen Verlage ist dabei so groß, dass der Buchhandel keine Chance hat, alle in seine Regale zu stellen. Da muss ausgewählt werden. Das bedeutet selbst mit einem guten, großen Verlag an deiner Seite wird sich dein Buch niemals in allen Buchhandlungen finden, in die es thematisch passen würde, sondern im besseren Fall in ein bis zwei Drittel (was schon großartig ist) der für dein Genre relevanten.

Und dann beginnt der beinharte Kampf um Regalfläche. Was sich verkauft, wird nachbestellt, was sich nicht verkauft, fliegt raus. Die meisten Bücher verschwinden nach ein paar Wochen wieder aus den Regalen. Nur ein paar wenige schaffen es, dauerhaft dortzubleiben. Und nochmals, das ist kein Vorwurf, das muss so sein, denn der Platz ist beschränkt.

Daher ist die Wahrscheinlichkeit, im Buchhandel zu landen, wenn dein Buch nicht aktiv vom Vertrieb des Verlages angeboten wird, sehr gering. Das bedeutet aber nicht, dass das nicht geht. Du kannst dein Buch natürlich recht einfach für den Buchhandel bestellbar machen, auch wenn du es selbst verlegst. Dafür gibt es verschiedene Plattformen und Dienstleister, die das für dich übernehmen und den Buchhandel beliefern. Wenn der Kunde dann nachfragt, kann er es dann beim Buchhändler seiner Wahl auch kaufen. Die meisten meiner Bücher sind für den stationären Buchhandel ganz normal bestellbar und werden auch bestellt. Im Vergleich zu den Stückzahlen, die ich online verkaufe, ist das allerdings ein verschwindend geringer Anteil.

Zu diesem Thema noch ein paar Zahlen bezüglich der prozentualen Umsatzverteilung im Jahr 2020 auf die wichtigsten Absatzkanäle:

- Sortimentsbuchhandel (ohne E-Commerce): 42 %
- Internet: 24,1 % (davon hat Amazon den Löwenanteil)
- Verlage direkt: 21,9 %

Quelle: Börsenverein des Deutschen Buchhandels

Der Rest verteilt sich auf diverse umsatzschwache Kanäle.

Nach wie vor ist der stationäre Buchhandel der stärkste Vertriebskanal. Doch die prozentuale Aufteilung wird auch stark durch die Verfügbarkeit deines Buches in den einzelnen Kanälen bestimmt. Konkret meine ich damit, dass der Umsatz meiner Bücher sich mehr als verdoppeln würde, wenn ich auch im Sortimentsbuchhandel präsenter wäre. Manche Kunden würden einfach nur im stationären Buchhandel kaufen statt auf Amazon. Gleichzeitig würde natürlich eine starke Präsenz (wenn man diese denn tatsächlich erreicht) im Buchhandel einen Umsatzzuwachs bringen. Ob diese mehr verkauften Stück die finanziellen Nachteile bei den Tantiemen, die du in der Zusammenarbeit mit einem Verlag hast, aufwiegen? Im Normalfall würde ich das verneinen.

So sehr ich verstehe, dass es den Autor oder die Autorin mit Stolz erfüllt, wenn sie ihr eigenes Buch zufällig in der Buchhandlung am Flughafen entdecken, vielleicht sogar ganz vorne bei den Neuerscheinungen, ist der Buchhandel als Vertriebskanal nicht mehr unbedingt notwendig. Für ein in Zahlen sehr erfolgreiches Buch bist du nicht auf den Buchhandel angewiesen. Dabei ist es von Themenbereich zu Themenbereich unterschiedlich, wie sehr du nicht auf den stationären Buchhandel angewiesen bist. Ich kenne sogar einige sehr erfolgreiche Romanautoren, die nicht im Buchhandel zu finden sind.

Vorteile beim Eigenverlag

Wenn du dein Buch selbst verlegst, hat das für dich natürlich sowohl Nachteile als auch Vorteile. Der größte Nachteil dabei ist: Du musst dich in die Materie einarbeiten und nicht nur ein gutes Buch schreiben, sondern auch wissen, was du damit machst und wie du es an den Leser bringst. Das ist lernbar, aber es ist zugegebenermaßen auch Arbeit. Deshalb ist das Programm, das wir angehenden Autoren von Expertenbüchern anbieten, auch so konzipiert, dass wir sie an die Hand nehmen und Schritt für Schritt durch das gesamte Buchprojekt begleiten. Du kannst von den jahrelangen Erfahrungen, die ich mit meinen über 50 Publikationen gemacht habe, ganz einfach profitieren und musst nicht alle Fehler, die ich gemacht habe (und das waren etliche) selbst auch machen. Mehr dazu findest du unter https://www.romankmenta.com/bestseller-programm/.

Das bedeutet, wenn du dich um all das, was mit der Produktion deines Buches und seiner Vermarktung möglichst wenig, am besten gar nicht, kümmern willst, dann ist es für dich vermutlich die beste Lösung, einen Verlag zu suchen, der dein Buchprojekt mit dir umsetzt. Aber Achtung, wenn du dich um die Vermarktung gar nicht kümmern willst, sind die Chancen, dass es ein erfolgreiches Buch wird auch mit einem Verlag gering.

Natürlich hängt es auch davon ab, wie oft du vorhast, ein Buch zu publizieren. Soll es nur ein einziges Mal geschehen, ist ein Verlag eine überlegenswerte Alternative. Hast du aber vor, immer wieder mal ein Buch herauszubringen – wie erwähnt, haben Top-Experten typischerweise mehrere Bücher publiziert – dann ist es gut investierte Zeit, dich mit den Details deines Buchprojektes näher zu beschäftigen.

Wenn du dich entschließt, dein Buch selbst herauszubringen, dann hat das eine Reihe von Vorteilen für dich.

- **Du musst keinen Verlag finden**

Einen passenden Verlag zu finden, der dein Buchprojekt mit dir umsetzen will, kann eine mühsame und zeitaufwendige Sache sein. Du wirst in diesem Prozess die eine oder andere Ablehnung hinnehmen müssen oder – noch schlimmer – von so manchem angeschriebenen Verlag gar nichts hören. Auch bei renommierten Verlagen ist es mir schon mehrfach passiert, dass man es nicht einmal für nötig gehalten hat, eine professionelle Absage zu schicken oder einfach überfordert war mit der Flut an Exposés, die täglich dort per Post oder E-Mail eintreffen.

Letztlich war es, denke ich, genau dieser Punkt, der den Ausschlag bzw. Impuls dafür gegeben hat, mich zu dem zu entwickeln, was ich jetzt bin: Ein Autor und Verleger, der seine eigenen Bücher verlegt. Dafür bin ich so betrachtet nicht undankbar, ganz und gar nicht.

Natürlich könnte man sagen, dass es für Buchprojekte gut ist, diesen Filter zu durchlaufen. Wenn kein Verlag dein Buch haben mag, dann ist es wahrscheinlich auch kein Buch, das es wert ist, verlegt zu werden – wäre ein nicht unlogischer Gedanke. Schließlich lehnen Verlage ein Buch (zurecht) ab, weil es entweder nicht zu ihnen passt oder sie nicht daran glauben, dass es ein erfolgreiches Buch werden würde.

Doch – und das ist der Haken an der Sache – auch die erfahrenen Fachleute, die diese Entscheidung bei den Verlagen treffen, sind nicht unfehlbar. Ganz und gar nicht. Die Liste von Weltbestsellern, die vorher von vielen Verlagen abgelehnt wurden, bis endlich jemand in einem Verlag das Potenzial erkannt hat oder das Buch letztendlich im

Eigenverlag publiziert wurde, ist lang – sehr lang. Jeder Lektor, der ehrlich ist, kann ganz sicher von eigenen Fehlentscheidungen dieser Art berichten.

Außerdem könnte es auch sein, dass dein Buch aufgrund der sehr speziellen thematischen Nische, in der du schreiben willst, tatsächlich für keinen Verlag wirtschaftlich interessant ist. Das bedeutet allerdings keinesfalls, dass es für dich nicht wirtschaftlich sehr interessant ist, weil du mit dem Buch selbst kein Geld verdienen musst, sondern dieses dich dabei unterstützt, deine Leistungen und Produkte zu verkaufen.

Lange Rede, kurzer Sinn: Wenn du selber publizierst, sparst du dir die oft mühsame Suche nach einem passenden Verlag.

- **Du bist sehr viel schneller**

Bis ein Buch, dessen Exposé von einem Verlag angenommen wurde, tatsächlich im Verlagsprogramm erscheint, braucht das Zeit. Im Normalfall beträgt die Vorlaufzeit – die Zeit zwischen der Vertragsunterschrift und der Verfügbarkeit deines Buches im Handel – ein Jahr oder mehr. Natürlich gibt es Ausnahmen. Wenn ein Thema gerade brandaktuell ist, kann sich diese Zeit auch auf 2 bis 3 Monate verkürzen. Auch wenn du bereit bist, eine größere Stückzahl (meist 500 bis 1.000) selbst abzunehmen, kann es – wie bei meinem letzten Verlagsbuch – auch schneller gehen. Doch das würde ich selbst nicht mehr tun und dir auch nicht empfehlen. Damit tragst du das gesamte finanzielle Risiko und der Verlag kann nur gewinnen. In dem Fall würde ich dir definitiv empfehlen, es selbst zu verlegen.

Wenn du dein Buch selbst publizierst, bestimmst du nicht nur den Zeitpunkt, zu dem es auf den Markt kommt, sondern auch die Geschwindigkeit. Wenn es wirklich sein müsste, könntest du dein

Buch – ab dem Moment, wo es fertig geschrieben ist – binnen eines Monats veröffentlichen. Das ist mit den Möglichkeiten, die uns heute zur Verfügung stehen, gar kein Problem.

Bei dem Schreib- und Publikationstempo, das ich die letzten Jahre vorgelegt habe, könnte ich vermutlich gar nicht mit einem einzelnen Verlag arbeiten. Alle 2 Monate ein Buch desselben Autors herauszubringen, ist – eine Unterstellung meinerseits – für einen traditionellen Verlag nicht vorstell- bzw. umsetzbar.

- **Du triffst sämtliche Entscheidungen alleine**

Im Rahmen eines Buchprojektes sind viele Entscheidungen zu treffen. Ein paar der wichtigsten betreffen den Inhalt und Aufbau des Buches, das Cover und den Titel. In Verlagsverträgen steht im Normalfall, dass diese Entscheidungen – vor allem über das Cover und den Titel – der Verlag trifft. Dem Autor wird dabei ein Mitspracherecht eingeräumt.

Aus Verlagssicht ist das verständlich. Gerade das Cover und der Titel sind die wesentlichen Entscheidungskriterien, um ein Buch zu kaufen und da will man natürlich keine Fehler machen. Autoren haben meist weniger Erfahrung als erfahrene Verlagsleute, die aus vielen unterschiedlichen Projekten wissen, welches Cover und welcher Titel für den Verkauf des Buches gut ist. Doch, wie oben erwähnt, können sich auch erfahrene Fachleute irren und daneben liegen – manchmal, gerade weil sie so viel Erfahrung haben und betriebsblind geworden sind.

Hinzu kommt, dass Entscheidungen über Cover und Titel auch für den Autor extrem wichtige und oft auch emotionale Themen sind. Wenn die diesbezüglichen eigenen Vorstellungen dann vom Verlag abgeschmettert werden und stattdessen ein Titel bzw. Cover gewählt werden, die dem Autor gar nicht gefallen, dann kann das zu schwierigen Situationen führen.

Ich behaupte daher nicht, dass die Cover- und Titelentscheidungen des Autors grundsätzlich besser sind als die des Verlages, sondern nur, dass der Autor, der seine Bücher selbst verlegt, sich diese Diskussionen ersparen und die Entscheidungen über alle Belange seines Buches ganz alleine treffen kann.

Gleichzeitig heißt das auch nicht, dass er sie alleine treffen muss. Da gibt es – abgesehen von Profis, die man auch als Eigenverleger befragen kann – auch noch einige andere Vorgehensweisen, die dazu führen sollten, dass diese Entscheidung eine gute ist. So spricht zum Beispiel gar nichts dagegen, sich dabei von einem erfahrenen Buchcoach beraten zu lassen, die Community zu befragen oder abstimmen zu lassen. Gerade die Community, deine online Kontakte auf den verschiedenen Plattformen sind, was Feedback oder Ideen zu Cover und Titel angeht, durchaus interessant. Einige meiner Titel sind bereits in Zusammenarbeit mit meinen Facebook-Kontakten entstanden.

- **Du verdienst deutlich besser**

Und last but not least – das liebe Geld. Wenn du dein Buch selbst herausbringst, verdienst du nicht nur mehr pro Buch, nein, du verdienst deutlich mehr pro Buch. Lass mich das mit ein paar konkreten Zahlen untermauern.

Mein erstes Buch, das ich 2006 mit einem Verlag publiziert habe, war „Die letzten Geheimnisse im Verkauf“. Das Autorenhonorar dafür war 16 % vom Verkaufspreis des Verlags an den Buchhandel (exkl. Ust). Dieser Verkaufspreis wiederum entspricht in etwa dem Laden-/ Einzelhandelspreis abzüglich von ca. 30 % Buchhandelsrabatt. Bei einem Ladenpreis von 22,95 Euro für das Hardcover waren meine Tantiemen etwa 2,30 Euro netto pro Buch.

2021 wollte der Verlag das Buch nicht mehr neu drucken lassen. Aus Verlagssicht war das verständlich, denn die Umsätze mit dem inzwischen 15 Jahre alten Buch waren verschwindend gering. Gemäß Vertrag gingen in diesem Fall die Rechte an dem Buch wieder an mich zurück. Für mich war das Buch ein Geschenk, denn die Inhalte waren bzw. sind absolut nicht alt, sondern immer noch sehr aktuell. Ich habe es überarbeitet, mit einem neuen Cover und Untertitel versehen (der Titel blieb gleich) und es neu aufgelegt – als Taschenbuch, Hardcover und E-Book.

Pro Buch verdiene ich aktuell:

- E-Book (VK 9,97) – 6,43 €
- Taschenbuch (VK 19,97) – 6,80 €
- Hardcover (VK 29,95) – 8,29 €

Das bedeutet, ich verdiene pro verkauftes Stück je nach Variante das 3- bis fast 4-Fache im Vergleich zu der Verlagskooperation. Doch das ist nur ein Aspekt, der das Geld verdienen angeht. Der Verlag hatte mir die Rechte an dem Buch ja wieder zurückgegeben, weil das Buch wirtschaftlich nicht mehr interessant war. Ich selbst habe seit der Wiederveröffentlichung dieses Buches im Herbst 2021 bis Ende 2023 damit knapp 9.000 Euro an Tantiemen verdient. Fairerweise muss man da die Kosten für die Werbung auf Amazon in Höhe von etwa 4.500 Euro abziehen. Alles in allem nicht mein aktuell bestverkauftes Buch, aber ich verkaufe pro Monat mehr davon als der Verlag zuletzt im ganzen Jahr.

Das bedeutet, das Buch war nicht tot, so wie der Verlag dachte, sondern man hatte es nur nicht mehr entsprechend vermarktet. Für mich wird das Buch noch über Jahre hinweg regelmäßige Einnahmen und Kontakte zu potenziellen Kunden bringen. Zusammengefasst gesagt, kannst du mit deinem Buch im Eigenverlag mehr verdienen, weil du pro Stück mehr Tantiemen hast und – wenn du es halbwegs gut machst – mehr Stück davon verkaufen kannst als der Verlag.

- **Du kaufst deine eigenen Bücher billiger ein**

Ein auf den ersten Blick eher nebensächlicher, für viele aber durchaus wichtiger Grund, sein Buch selbst zu verlegen, sind die deutlich günstigeren Einkaufspreise für deine Bücher, die du als Autor hast, wenn du sie selbst verlegst.

Auch dazu ein paar konkrete Zahlen. Typischerweise bekommst du in der Zusammenarbeit mit einem Verlag ein paar Autorenexemplare kostenlos zugeschickt. Bei meinem letzten Verlagsvertrag waren das 10, wobei das aber sicher auch noch verhandelbar gewesen wäre, ein wenig zumindest.

Als Redner oder Trainer habe ich allerdings häufig mit Gruppen von Teilnehmern, immer wieder auch sehr großen Gruppen zu tun. Da gibt es immer wieder welche, die meine Bücher nach einem Vortrag kaufen wollen. Oder – auch das passiert immer wieder – Unternehmen wollen meine Bücher als Geschenk oder Lehrmaterial für ihre Mitarbeiter kaufen und nehmen 50, 100 oder auch viel mehr davon ab.

Ich kann diese Bücher natürlich bei meinem Verlag beziehen. Das Buch „Nicht um jeden Preis“ kaufte ich als Hardcover für ca. 11 Euro ein, wenn ich ein Stück bestellt hab. Dasselbe Buch würde mich im Eigenverlag 7,20 Euro kosten – und das im Print-on-Demand-Verfahren gedruckt und einzelstückweise beziehbar. Bei großen Mengen von 500 oder mehr Stück könnte ich diese natürlich eigens drucken lassen und noch deutlich günstiger einkaufen. Das darf ich im Rahmen eines Verlagsvertrages allerdings nicht. Die Rechte dafür hat einzig der Verlag.

Wenn du also absehbar immer wieder Stückzahlen deiner Bücher zum Eigenverbrauch benötigst, summiert sich die Ersparnis im Einkauf deiner eigenen Bücher durch den Eigenverlag rasch auf hunderte oder auch tausende Euro pro Jahr. Hinzu kommt der emotionale Schmerz, den ich habe, wenn ich für mein eigenes Buch beim Verlag 16 Euro bezahlen muss und weiß, dass die Druckkosten nur einen Bruchteil davon ausmachen.

Doch nicht nur, wenn du dein Buch regelmäßig direkt an Kunden, Teilnehmer oder Gäste verkaufen kannst, ist ein niedriger Einkaufspreis wichtig. Auch wenn du dein Buch häufig als Visitenkarte benutzen willst, macht es einen dramatischen Unterschied, ob du jedes Mal 11 Euro oder 1,90 Euro (das ist der niedrigste Einkaufspreis, zu dem ich selbst aktuell meine Kurzratgeber einzelstückweise beziehe).

Zusammenfassung Verlag oder Eigenverlag

Alles in allem musst du daher abwägen, welche Vor- und Nachteile auf dich zutreffen und welche davon schwerer wiegen, um dann deine Entscheidung zu treffen, ob du ein Verlagsbuch publizieren willst oder der Eigenverlag der für dich bessere Weg ist.

Vor allem dann, wenn Unabhängigkeit und Selbstständigkeit für dich wichtig sind, ist der Eigenverlag deines Buches vermutlich der richtige Weg. Wenn du einfach nur dein auf absehbare Zeit einziges Buch auf den Markt bringen willst und darauf vertraust, dass der Verlag sich um alles so kümmert, wie er soll, dann bist du bei einem guten, traditionellen Verlag möglicherweise besser aufgehoben.

Wie schon erwähnt, habe ich diese Entscheidung für mich schon lange getroffen. Ich bringe meine Bücher selbst heraus. Und ja, ich will nicht ausschließen, dass ich mit einer Zusammenarbeit mit einem traditionellen Verlag bereit wäre, wenn die Rahmenbedingungen passen und diese Kooperation ein Gewinn für uns beide wäre.

Selber schreiben oder schreiben lassen?

Wenn die Entscheidung über Verlag oder Eigenverlag erst einmal getroffen ist, gibt es für dich eine weitere, ebenso grundlegende und wichtig Entscheidung zu treffen: Wer soll dein Buch schreiben? „Ich natürlich, wer sonst?“, werden vermutlich viele an dieser Stelle antworten – doch auch dazu ein paar Gedanken.

Bevor ich begonnen habe, mich mit dem Thema Buchschreiben intensiv auseinanderzusetzen, war für mich ganz klar, dass Bücher von den Autoren geschrieben werden, die auf dem Cover stehen. Das ist in vielen Fällen auch so, doch lange nicht in allen. Ich war überrascht, wie viele auch namhafte Autoren ihre Bücher nicht selbst schreiben. Ok, von echten VIPs, Hollywood Stars, Spitzenpolitikern oder Top-Unternehmern hatte ich schon gehört, dass ihre Biografien meist von anderen geschrieben wurden. Doch auch etliche Berater, Vortragsredner und Coaches schreiben ihre Bücher nicht selbst und manche machen auch gar keinen Hehl daraus.

Anfangs habe ich mich gefragt, ob es „moralisch“ vertretbar sei, sein eigenes Buch schreiben zu lassen. Es hatte etwas „Verlogenes“. Inzwischen sehe ich das ganz und gar nicht mehr so. Dein Buch nicht selbst zu schreiben ist – unter gewissen Voraussetzungen – absolut in Ordnung und ein gangbarer Weg.

Welche Voraussetzungen bringt das mit sich? Auch wenn du dein Buch vielleicht nicht selbst schreibst, so sollten oder besser müssen sich aber in jedem Fall deine Gedanken, deine Konzepte und dein

Know-how darin wiederfinden. Es ist ein wenig wie beim Bau deines Hauses – eine Metapher, die auch aus anderen Gründen, auf die ich noch zurückkommen werde, für dein Buchprojekt gut geeignet ist.

Du würdest dein Haus schließlich auch nicht selbst bauen, wenn du nicht vom Fach bist und das gelernt hast – ich zumindest würde nicht einmal im Traum daran denken. Was ich aber sehr wohl tun würde: Ich würde alle meine Ideen, Vorstellungen, Pläne und Wünsche für mein Haus in das Projekt einfließen lassen und den Planer bzw. das bauausführende Unternehmen genau instruieren. Das Ergebnis wäre MEIN Haus, auch wenn ich selbst keinen einzigen Ziegel angefasst und auf einen anderen gelegt habe. Bei einem Buchprojekt verhält es sich ähnlich.

Welche Möglichkeiten gibt es also für dich, was das Schreiben deines Buches angeht.

- Du kannst es komplett selbst schreiben,
- du kannst dich beim Schreiben coachen lassen oder
- du kannst das Schreiben teilweise oder komplett an einen Ghostwriter auslagern.

Welche du davon wählst, hängt von drei Faktoren ab:

- Wie gut du schreibst,
- wie gerne du schreibst und
- wie viel Zeit du dir für das Schreiben nehmen kannst oder willst.

Diese Faktoren beeinflussen sich natürlich gegenseitig. Wenn du gerne schreibst, wirst du dir die Zeit einfach nehmen und dadurch im Laufe der Zeit auch besser werden.

Schreibcoaches und Lektoren

Hast du bereits etwas geschrieben? Blogbeiträge zum Beispiel? Grundsätzlich denke ich, dass jeder, der es bereits geschafft hat, einige vernünftig lesbare Blogbeiträge zu verfassen, auch ein Buch schreiben kann, vor allem dann, wenn es sich um einen Ratgeber handelt. Das bedeutet nicht, dass ein Expertenbuch auch Chancen hat, den Literaturnobelpreis zu gewinnen. Doch das ist auch nicht das Ziel in diesem Zusammenhang. Dein Expertenbuch soll vor allem deine Positionierung verstärken, dir viel Reichweite und Sichtbarkeit verschaffen und deine Leistungen und Produkte für dich verkaufen bzw. potenzielle Kunden zumindest sehr gut vorwärmen.

Angehenden Erstautoren, die noch keine Erfahrung haben, aber ihr Buch selbst schreiben wollen, kann ich empfehlen, sich von einem guten Schreibcoach bzw. Lektor begleiten zu lassen. Damit sollte sichergestellt sein, dass das Ergebnis, auch wenn es ein Erstlingswerk ist, herzeigbar ist.

Ein Schreibcoach begleitet dein Buchprojekt von Beginn an, wenn du das willst. Oder aber du holst dir erst Unterstützung, wenn dein Buch bereits weit gediehen ist und du vielleicht an einem bestimmten Punkt festhängst und nicht weiterkommst. Wenn du gar keine Erfahrung mit dem Schreiben hast, ist es sicher nicht verkehrt, sich gleich zu Beginn beraten zu lassen, bevor du dich ins Schreiben stürzt.

Schreibcoaching wird meist in Stunden verrechnet, aber auch eine Pauschale für das gesamte Projekt ist vereinbar. Die Stundensätze liegen dabei – wie bei Dienstleistern dieser Art üblich – zwischen 100 und 200 Euro pro Stunde.

Lektoren, die oft auch das Korrektorat übernehmen, sind weniger (wenngleich schon auch) die Begleiter eines Buchprojektes, sondern erhalten das Buch oft auch erst, wenn es weitgehend fertig ist, um es besser zu machen. Verlage arbeiten mit Lektoren und stellen dir (zumindest hätte ich das noch nie gehört) keinen Schreibcoach zur Verfügung. Um das Schreiben musst du dich in der Zusammenarbeit mit einem Verlag selbst kümmern. Das ist der wichtigste Teil des Deals, den du zu erfüllen hast. Und ja, der Lektor beim Verlag gibt dir dazu hoffentlich hilfreiches, konstruktives Feedback. Es kann aber auch sein, dass das Feedback dein Buch komplett verändert und wenige Steine in deinem Buch auf den anderen lässt.

Einen Lektor kannst du dir natürlich auch hinzubuchen, wenn du selbst publizierst. Das ist auch durchaus empfehlenswert, vor allem, wenn du noch wenig Erfahrung beim Schreiben hast. Lektoren verrechnen ihre Leistung typischerweise nach Wörtern. Die sehr große Bandbreite an Honoraren, die sich auf dem Markt dafür findet, liegt zwischen ein und fünf Cent pro Wort. Das heißt für das Lektorat für dein Buch, das z. B. 35.000 Wörter umfasst, musst du zwischen 350 und 1.750 Euro einkalkulieren. Einen Lektor nur nach dem niedrigsten Preis auszuwählen, ist erfahrungsgemäß keine besonders gute Idee.

Quellen für Lektoren, Korrektoren und andere Dienstleister findest du übrigens auf der Ressourcenseite zu diesem Buch unter https://www.romankmenta.com/autor-werden-ressourcen/.

Die Variante „Ghostwriter“

Wenn du überhaupt nicht selbst schreiben willst oder kannst, aus welchen Gründen auch immer, kannst du dein Buch von Anfang bis Ende schreiben lassen. Dienstleister, die so etwas für dich tun, nennen sich Ghostwriter. Du bist und bleibst dabei der Autor deines Buches, selbst wenn du kein einziges Wort selbst geschrieben hättest. Ob dein Ghostwriter als Co-Autor auf dem Cover, im Kleingedruckten, im Impressum oder auch gar nicht erscheint, bleibt dir überlassen. Bei einem Expertenbuch würde ich dir davon abraten, den Namen des Ghostwriters auf das Cover zu tun. Das würde nur unnötige Fragen bei potenziellen Lesern aufwerfen.

Ghostwriter musst du natürlich besonders gut instruieren. Das passiert meist in ausführlichen Gesprächen. Wenn du dem Ghostwriter auch Blogbeiträge (die es von dir vielleicht bereits gibt), Vortragsvideos oder auch Unterlagen aller Art, die du in deinem Unternehmen nutzt und die zu dem Thema des Buches passen, zur Verfügung stellst, ist das natürlich sehr hilfreich. Du könntest deine Inhalte auch aufnehmen und die Audiofiles (transkribiert) dem Ghostwriter zur Verfügung stellen.

Doch damit ein Ghostwriter nicht nur ein Buch, sondern Dein Buch schreiben kann, und zwar so, dass das Ergebnis richtig gut ist, musst du ihn vorher sehr gut instruieren, was drin sein soll. Du erinnerst dich an die Metapher mit dem Haus? Idealerweise lieferst du die Idee, das Konzept, die inhaltliche Struktur und Inhalte in den oben beschriebenen Varianten. Das ist die Basis für Dein Expertenbuch. Damit das gelingt, findest du auf der Ressourcenseite zu diesem Buch passende Angebote.

Ghostwriter stellen dir ihre Leistung pro Wort oder auch als Pauschale für das gesamte Buch mit einer in etwa definierten Anzahl von Wörtern zur Verfügung. Auch dafür gibt es eine – sehr große – Bandbreite, was das Honorar betrifft. Es gibt Ghostwriter, die dir dein Buch für nur 5 Cent pro Wort schreiben (das wären bei einem Buch mit 35.000 Worten 1.750 Euro) und solche, die für ein Expertenbuchprojekt 40.000 Euro und mehr verlangen. Von beiden Extremen würde ich dir abraten. Vom ersten, weil du für 5 Cent pro Wort im Normalfall keine Qualität erwarten kannst, vom zweiten, weil es nicht nötig ist, für dein Expertenbuch so viel Geld in das Ghostwriting zu investieren.

Wenn du dein Buch von einem Ghostwriter schreiben lassen willst, dann such dir einen mit Erfahrung und Referenzprojekten, möglichst in deinem Genre oder Themenbereich. Der darf dann natürlich auch gutes Geld kosten, immerhin soll er ja auch ein gutes Buch schreiben. Hole dir ein paar Angebote ein, vergleiche diese und wähle dann den aus, zu dem du das meiste Vertrauen hast, selbst wenn dieser 1.000 Euro mehr kostet.

Ein guter Ghostwriter macht auch nötige Recherchen für dein Buch, wofür er dafür möglicherweise zusätzlich etwas verrechnet oder diese Arbeit in einem höheren Preis pro Wort bereits einpreist. Bei einem klassischen Expertenbuch bist du allerdings die Person, die das Know-how hat, das in das Buch soll. Bücher, die von Ghostwritern für ein Thema geschrieben werden, von dem der Auftraggeber (offizieller Autor) keine Ahnung hat, sind eine ganz andere Sache und haben mit deinem Expertenbuch, um das es hier geht, nichts zu tun.

Die Entscheidung, selbst zu schreiben oder schreiben zu lassen, ist eine, die du treffen musst, von der dein Buchprojekt aber nicht abhängt. Oder anders gesagt: Nur weil du nicht schreiben kannst oder willst, heißt das nicht, dass dein Expertenbuch nicht trotzdem Realität werden kann.

... und noch etwas, weil ich auch das immer wieder gefragt werde: Bis dato habe ich all meine publizierten Bücher von Anfang bis Ende selbst geschrieben und auf absehbare Zeit wird das auch so bleiben. Ich schreibe auch einfach gerne.

Gemeinsam oder alleine?

Es gibt noch eine Variante, dein Expertenbuch mit Inhalt zu füllen, ohne dass du diesen selbst schreiben musst: Du kannst andere Experten diesen Inhalt schreiben lassen oder auch deinen Inhalt mit dem Inhalt anderer ergänzen lassen. Die Bandbreite solcher

Multiautorenbücher reicht von deinem Buch, mit ein, zwei oder drei Gastbeiträgen anderer, die dein Buch gut ergänzen und abrunden bis hin zu Büchern mit 20 oder mehr Autoren, die jeder 1 Kapitel zu einem Buch beitragen. Ersteres kann viel Sinn ergeben, von Letzterem rate ich dir ab und das aus eigener Erfahrung.

Ich selbst habe schon mehrmals bei Projekten beider Versionen mitgearbeitet und das Ergebnis bei den Multiautorenbüchern war immer ein Buch, das vielleicht viele für sich gute Abschnitte, Ideen oder Inputs hatte, insgesamt aber kein gutes Buch war. Kein einziges dieser Bücher hat sich jemals gut verkauft.

Das bedeutet, dass es nicht empfehlenswert ist, dein Expertenbuch als Sammelband vieler Beiträge anderer auf den Markt zu bringen – es bräuchte ein sehr gutes Gesamtkonzept, das den Fokus trotz allem auf dich lenkt, und vor allem auf deinen Expertenstatus abzielt. Es muss auf den ersten Blick nach außen immer noch ganz klar als dein Buch erkennbar sein.

Die Arbeit, die du dir bei solchen Buchprojekten möglicherweise beim Schreiben ersparst, investierst du (mindestens) in die Projektkoordination. Gehe davon aus, dass einige der Co-Autoren ihre Beiträge viel zu spät und erst nach mehrmaligem Nachfragen oder auch gar nicht abliefern. Auch die Qualität kann im Einzelnen schlecht sein – zu schlecht, um den Text in einem Buch abzudrucken und schon gar nicht in deinem.

So attraktiv solche Multiautorenbücher auf den ersten Blick auch erscheinen mögen, schreibe lieber dein eigenes Buch ganz alleine bzw. unterstützt durch hilfreiche Dienstleister. Aber wenn du magst, um dich sozusagen aufzuwärmen, kannst du gerne ein Kapitel bei einem Multiautorenbuch anderer beisteuern. Wenn es auch wahrscheinlich wenig bringt, so wird es auch nicht schaden und ist eine gute Schreibübung, vor allem, wenn du noch kein Buch geschrieben hast.

Wie viele Seiten muss ein Expertenbuch haben?

Als Vorbereitung zur Beantwortung der nächsten Frage lass uns kurz über die Anzahl der Seiten sprechen, die dein Buch haben sollte, bzw. mindestens haben muss. Typischerweise haben gute Sachbücher 200 Seiten oder auch ein paar mehr. Selten haben sie mehr als 300. Das hat unter anderem auch den Grund, dass die Druckkosten mit jeder Seite steigen, der Verkaufspreis aber nicht im selben Ausmaß erhöht werden kann. Für ein 400-Seiten-Buch ist der Leser meist nicht bereit, doppelt so viel zu bezahlen wie für ein 200-Seiten-Buch, das oft knapp unter 20 Euro in der Taschenbuchausgabe kostet.

Bei echten Fachbüchern, die manchmal auch 500 oder mehr Seiten haben, ist das Bild insofern ein anderes, da diese auch für 40 oder 50 Euro verkauft werden können, wenn auch nicht in Mengen. Doch von einem solchen Fachbuch würde ich dir, wie erwähnt, ohnehin abraten, wenn es um dein erstes Expertenbuch geht.

Das heißt, traditionelle Verlage lieben dich bzw. dein Buch meist nicht sehr, wenn du besonders viele Seiten produzierst. Ohne genaue Zahlen zu haben, habe ich dennoch das Gefühl, dass der Trend, was die Anzahl der Seiten betrifft, eher nach unten geht. Das wäre nicht unlogisch, da unsere gesamte Kommunikation, vorangetrieben durch Social Media, immer kürzer und knapper wird. Aktuell sind Kurzvideos ein eher starker Trend auf fast allen Social-Media-Kanälen. Dass sich das auch auf Bücher auswirkt, ist nicht verwunderlich. Gehe davon aus, dass auch die Aufmerksamkeitsspanne deiner Leserinnen und Leser im Sinken begriffen ist. Das ist etwas, das die Sache für dich ein wenig erleichtert. 150 bis 200 Seiten sind auch genug, immer vorausgesetzt, es sind inhaltlich sehr gute Seiten.

Natürlich geht es auch noch kürzer. Die nächste Schwelle nach unten, was die Seitenzahl betrifft, sind für viele vermutlich die 100 Seiten. Ich selbst bemühe mich mehr als noch vor ein paar Jahren keine Bücher zu publizieren, die weniger als 100 Seiten haben. Das hat mehrere, zum Teil drucktechnische Gründe. Der wesentlichste Grund ist allerdings, dass Leser bisweilen kritisieren und das auch in Form von schlechten Rezensionen kundtun, wenn sie gefühlt zu wenig Buch für ihr Geld erhalten. Dabei hilft es auch oft nicht, wenn der Inhalt auf den wenigen Seiten jeden Cent wert ist und die kompakte Schreibweise es dem Leser erspart, sich durch Unmengen von Text zu quälen, um die für ihn wichtigen Dinge zu erfahren.

Man könnte also durchaus sagen: Mehr ist – bis zu einem gewissen Grad – besser. Konkret bedeutet das: Schreibe ein Expertenbuch, das idealerweise 150 bis 200 Seiten hat. Das sieht dann auch schon wie ein richtiges Buch aus. Wenn es weniger Seiten sind, dann bleibe zumindest bei über 100.

Das hat auch vermarktungstechnische Gründe. Höherpreisige Bücher (Produkte ganz generell) sind besser für die bezahlte Online-Werbung. Der Klick auf ein 10-Euro-Buch kostet genauso viel wie der Klick auf ein 20- oder 30-Euro-Buch. Oder anders gesagt: Du kannst dir die Werbung für ein 10-Euro-Buch bei den aktuell stark gestiegenen Klickpreisen kaum mehr leisten. Und für einen 50-Seiten-Kurzratgeber (und sei er noch so gut) 15 oder 20 Euro zu verlangen und vor allem auch zu erhalten ist ein schwieriges Unterfangen. Wenn du dein Buch allerdings vor allem als Visitenkarte verwenden möchtest, ist das ein wenig anders. Da können sehr kurze Bücher auch gute Dienste leisten, wenngleich auch für diese Zwecke das 50-Seiten-Buch nicht dieselbe Wirkung hinterlässt wie das mit 150 Seiten.

In Wörtern ausgedrückt (dazu komme ich gleich im nächsten Abschnitt) sprechen wir von mindestens 15.000 oder besser noch 20.000 Wörtern für ein 100-Seiten-Buch, das auch gut gefüllt wirkt und nicht nur durch extragroße Schrift, einer Unmenge an Grafiken und Bildern und vielen halb leeren oder leeren Seiten auffällt. Sprich: Der Leser muss den Eindruck haben, auch tatsächlich etwas für sein Geld erhalten zu haben. Ich erwähne das deshalb, weil es leider eine Menge Bücher (meist selbst publizierte gibt), die es nicht schaffen, diesen Eindruck zu erwecken. Wenn dein Buch eher 200 Seiten lang sein soll, dann stell dich schon einmal auf 40.000 Wörter oder auch etwas mehr ein. Dieses Buch hier hat knapp 34.000 Wörter – zur Info, damit du ein Gefühl dafür bekommst.

Noch etwas, weil die Frage in einem Kommentar bei einem der Posts gestellt wurde, mit denen ich die Entstehung dieses Buches dokumentiert habe: Die Anzahl der Zeichen pro Wort ist bei längeren Texten durchschnittlich immer recht ähnlich und damit zu vernachlässigen.

Wie lange dauert es, ein Buch zu schreiben?

Für die meisten, die noch nie ein Buch geschrieben haben, erscheint das wie eine riesige Aufgabe – ein Projekt, das wahnsinnig viel Zeit und Ressourcen benötigt und das sie deshalb sehr lange vor sich herschieben. Irgendwann, so hoffen sie, würden sie die Zeit haben, so ein großes Projekt anzugehen. Erstens, das verspreche ich dir, wird aus irgendwann meist niemals und zweitens ist das Projekt Buch nicht annähernd so groß, wie du vielleicht denkst.

Das, was die meisten dabei abschreckt, ist das Schreiben, das heißt so viel guten Text zu produzieren, um damit ein ganzes Buch zu füllen. „Woher soll ich bloß die Zeit nehmen, mein Buch zu schreiben?“, fragen sich viele der Experten, die ich betreue zu Beginn des

Projektes. Das ist durchaus verständlich, doch wie du gleich sehen wirst, ist diese Hürde nicht so groß wie du vielleicht meinst. Der ganze Rest des Buchprojektes, die Vermarktung im Speziellen, wird in dieser Betrachtung interessanterweise vernachlässigt und kleiner gesehen, als er tatsächlich ist. Doch dazu später mehr.

Ich habe dieses Buch (die erste Auflage / Version) „in der Öffentlichkeit" geschrieben und an jedem einzelnen Tag dokumentiert, wie viel ich schreibe und wie lange ich dafür brauche. Das habe ich vor allem deshalb gemacht, um dir und allen anderen Menschen, die ein Buch schreiben wollen und Respekt vor der Textmenge haben, zu zeigen, dass die Aufgabe nicht nur bewältigbar, sondern sehr viel einfacher und kleiner ist als vermutet.

Wenn dieses Buch sonst nichts bewirkt außer den Glaubenssatz „Ein Buch zu schreiben ist ein riesiges Projekt" abzuschwächen oder besser noch ganz zu eliminieren, dann wäre ich schon nicht unzufrieden.

Was heißt das nun konkret in Zahlen ausgedrückt: Wir Autoren denken sehr gerne in Wörtern, aus denen dann Worte werden, wenn es um die Menge des Textes geht. Natürlich ist diese Kenngröße für den Leser irrelevant. Dieser denkt, wenn überhaupt, in Seiten. Doch die Seitenzahl ist durch die Flexibilität bei Schriftgrößen, Zeilenabstände, Grafiken, Bildern und Buchsatz ein dehnbarer Begriff. Für dich als Schreiberin oder Schreiber sind Wörter das Maß der Dinge. Das ist es, was du letztlich in deine Tastatur klopfen musst.

Doch wie schnell geht das? Wie lange braucht man, wie lange brauche ich und wie lange brauchst du, um die nötige Anzahl von Wörtern für dein Buch zu schreiben?

Ich selbst schreibe im Normalfall 1.000 bis 1.500 Wörter pro Stunde, wenn ich konzentriert schreibe. Dabei muss ich aber nichts mehr recherchieren, sondern schreibe das, was ich bereits weiß. Auch du als Expertin oder Experte hast vermutlich ausreichend Wissen über dein Fachgebiet, damit du nicht wahnsinnig viel Zeit in zusätzliche Recherche für dein Buch stecken musst. Auch das Gerüst meines Textes bestehend aus Kapitelüberschriften und Unterüberschriften innerhalb der Kapitel wie auch einzelne Bullets mit Ideen für Inhalte, besteht bereits. Das habe ich alles vorher gemacht. Ich kann mich also wirklich nur auf das Schreiben konzentrieren.

Ich schreibe übrigens nicht mit dem 10-Finger System, wie sich das gehören würde (und das ich auch jedem empfehle), sondern mit einem System, das ich offenbar vollkommen unbewusst im Lauf der Jahre beim Schreiben selbst entwickelt habe. Ich kann es dir nicht einmal genau erklären, da ich selbst nicht weiß, wie ich das genau mache. Es sind auf jeden Fall zwei Finger der linken Hand (ich vermute immer der Daumen und Zeigefinger, manchmal vielleicht auch ein anderer) und zwei, vielleicht drei Finger der rechten Hand (Mittelfinger und Daumen) im Einsatz. Alles in allem ein vollkommen untaugliches System, um Bücher zu schreiben. Es ist ganz sicher sehr viel schlechter als das 10-Finger System, das du vermutlich beherrscht.

Warum erzähle ich dir das? Erstens, weil ich es gerade eben im Rahmen des Schreibens dieses Buches erstmals genauer analysiert habe und es mich selbst erstaunt, was ich da so mache und vor allem auch, dass das in dieser Geschwindigkeit dann auch noch funktioniert. Doch der Hauptgrund ist jener: Ich will dir damit sagen, dass die Schreibgeschwindigkeit für dein Expertenbuch weitestgehend irrelevant ist. Wenn ich viele Bücher mit meinem völlig untauglichen System schreiben kann, dann ist das bei dir ganz sicher nicht der Engpass.

Wie schnell schreiben andere, vielleicht auch du? Ich habe gelesen bzw. gehört, dass es Autoren gibt, die bis zu 5.000 Wörter pro Stunde verfassen. Das ist extrem viel und ich kann mir nicht vorstellen, diese Geschwindigkeit je zu erreichen. Das ist aber auch nicht nötig, auch für dich nicht, vor allem in Anbetracht der überschaubaren Textmenge für dein Expertenbuch. Romanschriftsteller, die monatlich ein neues Werk mit 100.000 oder mehr Wörtern publizieren wollen, sollten sich mit dem Thema Schreibgeschwindigkeit natürlich sehr viel intensiver beschäftigen.

Ich schreibe meistens morgens, etwas, das ich dir auch empfehlen würde. Gleich als allererstes, noch vor allen anderen Dingen – ok, ausgenommen der Morgenhygiene, doch selbst diese muss manchmal hinten anstehen. Je nach Tagesplan und je nachdem wie früh ich aufgestanden bin, kann ich für das Schreiben manchmal eine ganze Stunde erübrigen (was viel ist für mich), oft aber auch nur eine halbe. Wenn es zeitlich wirklich eng ist, versuche ich trotzdem zumindest 15 Minuten in mein aktuelles Buchprojekt zu investieren.

Lass uns damit ein wenig rechnen. Wenn ich nur 30 Minuten pro Tag schreibe und in dieser Zeit 500 Wörter schaffe, dann sind das in 10 Tagen 5.000 Wörter und in einem Monat 15.000 Wörter, also knapp die Menge an Text, die für einen Kurzratgeber notwendig sind, der die 100-Seiten-Hürde schaffen soll. Aktuell, während ich diese Zeilen schreibe, bin ich bei Tag 14 meiner persönlichen Buchchallenge, die ich für dieses Buch gestartet habe und habe gerade die 17.000 Wortgrenze überschritten – und das ganz nebenbei. Es war in den letzten beiden Wochen nicht so, dass ich meine Tage mit Schreiben verbracht hätte. Nein, ich habe einfach jeden Morgen ein wenig an diesem Buch gearbeitet.

Wenn du jetzt denkst, dass du keine 500 Wörter in einer halben Stunde schaffst, sondern nur die Hälfte, dann brauchst du eben 2 Monate für deinen Kurzratgeber oder 4 Monate für ein halbwegs ausgewachsenes Expertenbuch. Und dabei sprechen wir immer noch von nur einer halben Stunde jeden Tag. Am Wochenende schaffe ich morgens mehr, weil ich ein Morgenmensch bin und meine Frau die Gelegenheit nutzt, ausnahmsweise etwas länger zu schlafen.

Das heißt, wie schnell oder langsam du auch immer schreibst, wenn du das regelmäßig machst, dann geht es gar nicht anders, als dass dein Buch in 2, 3 oder 4 Monaten fertig ist. Für dieses Buch hier waren es für die ursprüngliche Version insgesamt 4 Wochen.

Das heißt: Ein Buch zu schreiben ist eine absolut bewältigbare Aufgabe, immer vorausgesetzt, du hast etwas zu sagen – was bei dir als Expertin oder Experte in deinem Fach ja gegeben ist. Auch du schaffst das. Da bin ich ganz sicher!

Was ist ein Bestseller?

Im Verlauf dieses Buches ist der Begriff Bestseller immer wieder gefallen. Wenn man sich so wie ich intensiver mit Büchern beschäftigt, ist der Begriff scheinbar allgegenwärtig. Daher ergibt es Sinn, dass wir uns damit kurz auseinandersetzen. Was ist überhaupt ein Bestseller? Und auch: Könnte auch dein Buch zu einem Bestseller werden?

Bestseller ist kein allgemeingültig definierter oder definierbarer Begriff. Es gibt eine Reihe von Bestsellerlisten. Viele größere Medien – oft Zeitungen und Zeitschriften – haben ihre eigenen. Die Spiegel-Bestsellerliste ist im deutschen Sprachraum vermutlich die bekannteste, in den USA ist es die der New York Times. Nach welchen Kriterien Bücher auf diese Listen kommen, hängt vom einzelnen Medium ab.

Auf die Frage: „Wann ist ein Buch ein Bestseller?“, hatte mir die Geschäftsführerin eines renommierten deutschen Buchverlages vor ein paar Jahren geantwortet: „Wenn es in die zweite Auflage kommt, ist es ein Bestseller." Bei Ratgebern und Sachbüchern normal sterblicher Autoren (also Promis ausgenommen) sind Auflagen von 2.000 Stück (es können auch 1.000 mehr oder weniger sein) durchaus verbreitet. Wenn dein Buch also mehr als 2.000-mal verkauft wird, ist es aus Sicht dieses Verlages bereits ein Bestseller. Doch diese Art von Bestseller bringt dir, was das Marketing angeht, wenig.

Mein Hauptvertriebskanal ist aktuell Amazon und das nicht, weil ich Amazon so sehr liebe. Zurecht wird mir von Lesern manchmal vorgeworfen, dass ich meine Bücher dort (manche auch nur dort) verkaufe und damit den Giganten und nicht den Buchhandel unterstütze. Darüber könnte man durchaus eine weltanschauliche Diskussion führen. Und ja, es gibt auch Menschen, die aus Prinzip nichts auf Amazon kaufen. Das ist mit ein Grund, warum mein Team und ich 2023 begonnen haben, intensiv daran zu arbeiten, das Monopol, das Amazon im Rahmen meines Buchgeschäftes hat, aufzuweichen. Es wird meine Bücher an sehr viel mehr Stellen (meist online) zu kaufen geben – zusätzlich zu Amazon und nicht stattdessen. Auch für den Buchhandel sind bereits viele meiner Bücher ganz normal bestellbar.

Wer allerdings meint, im Buchverkauf ganz ohne Amazon auskommen zu können, liegt in fast allen Themenbereichen und Genres vollkommen daneben. Wenn es jemand dennoch macht und auf Amazon als Vertriebspartner verzichtet, verzichtet gleichzeitig auf sehr viele Leser, Sichtbarkeit und auch Tantiemen. Aktuell gilt für die meisten Bücher vor allem für all die vielen Expertenbücher, die oft sehr kleine Nischen abdecken: Du bist auf Amazon mit deinem Buch oder du bist nicht existent. Wie das in 10 Jahren sein wird, wissen wir frühestens in 10 Jahren.

Und da Amazon für mich (und auch für dich und dein Buch) so ein wichtiger Player ist, ergibt es absolut Sinn, sich an dem Begriff

Bestseller zu orientieren, wie ihn Amazon nutzt. Es gibt dort etliche Kategorien, noch sehr viel mehr Unterkategorien und eine unüberschaubare Vielzahl von Unter-Unterkategorien oder wie immer man diese nennen möchte. Und nicht in allen dieser, aber doch in vielen davon gibt es Bestseller.

Diesen Begriff auf einzelne, manchmal kleine Bereiche herunterzubrechen, ergibt Sinn. Ein Buch über die Aufzucht von Wüstenspringmäusen, das für einen Zoofachhändler ein tolles und sehr nützliches Expertenbuch sein kann, wird es niemals schaffen, auf breiten Bestsellerlisten wie der des Spiegels oder auch der Bestsellerliste aller Bücher auf Amazon vorne mitzuspielen. Dazu ist das Thema viel zu spezifisch und es wäre auch unfair, so ein Buch mit einem Selbsthilfebuch zum Thema Ängste überwinden (ein Thema, das extrem viele Menschen betrifft) zu vergleichen. In der passenden Unterkategorie hingegen kann unser Wüstenspringmausbuch durchaus punkten und vielleicht sogar zum Bestseller werden – wenngleich ich sagen muss, dass ich mich in diesem Themenbereich gar nicht auskenne.

Und wenn sogar ein Buch über die Aufzucht von Wüstenspringmäusen Chancen hat, zum Bestseller zu werden, dann hat dein Buch diese Chance definitiv auch – es sei denn, du schaffst es in der Wahl deines Themas, die Wüstenspringmäuse noch bei Weitem zu toppen, was die Kleinheit der Zielgruppe betrifft.

Um Besteller in einer Unterkategorie zu werden bzw. auch zu bleiben, braucht es – je nach Unterkategorie – manchmal nur ein paar verkaufte Bücher pro Tag. Wie viele genau, hängt auch von anderen Rahmenbedingungen ab. Und das ist machbar, auch für dein Buch.

Und gleichzeitig ist so ein Bestseller-Badge nur für zwei Dinge wichtig: für dein Ego (ja, ich gebe zu, ich freue mich immer wieder darüber und bin ordentlich stolz darauf) und – und das ist sehr viel wichtiger – für dein Marketing auf Amazon, wie außerhalb. Immerhin kannst du dich dann vollkommen legitim als Bestsellerautorin oder -autor bezeichnen, was massiv deinen Expertenstatus und deine Positionierung steigert.

Ich hoffe, ich konnte in diesem Abschnitt die wichtigsten und grundlegendsten deiner Fragen beantworten und dich so weit bringen, dass du dein Buchprojekt nicht nur für machbar und umsetzbar hältst (und das in einem Zeitrahmen von insgesamt einem halben Jahr), sondern es dir vielleicht sogar zum Ziel gesetzt hat, dein Buch mit der Auszeichnung Bestseller schmücken zu können – übrigens etwas, das ich bei jedem meiner Bücher (meist auch mehrfach) schaffe. Und wenn ich das kann, kannst du das auch.

Nachdem diese grundlegenden Dinge und vielleicht auch Bedenken abgehakt sind, will ich mich im nächsten Kapitel mit der Struktur deines Buchprojektes beschäftigen und die Frage „Wie gehe ich es an“ zumindest überblicksartig beantworten.

DEIN BUCH ALS PROJEKT

Dein Expertenbuchprojekt besteht aus drei großen Phasen, die man auch mit dem Bau eines Hauses – eine für unsere Zwecke sehr hilfreiche Metapher – vergleichen kann. Zuerst wird eine Grube ausgehoben und ein Fundament gebaut. Dann werden die Wände gemauert und eine Decke draufgesetzt und zu guter Letzt kommt das Dach obendrauf.

Umgelegt auf dein Buch ist das Fundament die Konzeptphase, die Wände und Decke sind die Produktionsphase, in der vor allem die eigentliche Schreibarbeit gemacht wird und das Dach entspricht der Vermarktungsphase, vor allem auch dem Buchlaunch, dem eine besondere Bedeutung zukommt.

Auch die Programme, die wir zur Unterstützung von Experten anbieten, die sich über ihr Expertenbuch stärker positionieren und noch erfolgreicher vermarkten wollen, teilen wir in die drei Phasen ein:

- Konzeptphase
- Produktionsphase
- Vermarktungsphase (inkl. Launch)

Im Folgenden bekommst du eine Übersicht, was in den einzelnen Phasen passiert bzw. vor allem, was du zu tun hast, wenn du dein Buch selbst veröffentlichst. Ich werde dir auch einen groben Überblick über den Zeitplan geben, an dem du dich orientieren kannst, um dein Buchprojekt zu planen.

Monat >>	1	2	3	4	5	6	7
1. Konzeptphase	■						
2. Produktionsphase		■	■	■	■		
3. Launch						X	
4. Vermarktungsphase					■	■	■

Die Anzahl der Monate je Phase ist ein Richtwert. Speziell die Produktionsphase ist variabel, was ihre Dauer angeht. Dabei kommt es letztlich darauf an, wie schnell du dein Buch schreibst. Dennoch sollte dir diese kleine Tabelle einen guten Überblick über dein Buchprojekt geben und dir helfen, in etwa abzuschätzen, wie es zeitlich ablaufen kann.

Dabei beziehe ich mich in diesem Abschnitt darauf, dass du dein Buch im Eigenverlag publizierst, wenngleich bei der Zusammenarbeit mit einem Verlag im Prinzip dieselben Dinge gemacht werden sollten oder müssen, nur nicht unbedingt alle von dir.

Die Konzeptphase

In der Konzeptphase schaffst du das Fundament, den Unterbau für dein Buchprojekt und stellst damit sicher, dass es von Beginn an auf soliden Beinen steht. Dabei geht es vor allem um folgende wesentliche Punkte:

- **Das Buchthema**

Das Thema deines Buches muss natürlich an erster Stelle stehen. Du musst festlegen, worüber du schreibst. Damit dein Buch auf deine Expertenpositionierung einzahlt und möglichst effektive Arbeit verrichten kann, muss es auf deiner Positionierung fußen. Wenn du derjenige bist, der sich schlank im Schlaf auf die Fahnen geheftet hat, dann könnte dein Buch auch genauso heißen und du wirst oder solltest zumindest nicht über das Abnehmen oder die Ernährung ganz generell schreiben.

Es lohnt sich zum Start deines Buchprojektes, dich nochmals intensiver mit deiner Positionierung auseinanderzusetzen. Es wäre schade, wenn dein Buch fertig und auf dem Markt ist und du dann feststellst, dass es zwar ein gutes Buch geworden ist, aber nicht besonders gut zu dem passt, was du sonst so machst und anbietest.

Dein Buchthema und damit das Buch sollte vor allem eines: Ein wichtiges Problem deiner potenziellen Leser lösen bzw. sie dabei unterstützen, das selbst zu tun. Und das wiederum steht in sehr engem Zusammenhang mit deiner Positionierung. Buchthema und Positionierung müssen Hand in Hand gehen, damit dein Expertenbuchprojekt erfolgreich wird.

- **Das Buchkonzept**

Was meine ich mit Buchkonzept? Ein Expertenbuch kann auf verschiedene Arten aufgebaut sein. Ein paar Varianten, die ich selbst größtenteils bereits genutzt habe, sind:

  - **Zeitlich chronologisch angeordnet**
    Das ist ein Ratgeber, der dich Schritt für Schritt durch einen definierten Prozess führt. Das ergibt überall dort Sinn, wo die Abfolge wichtig ist. Zum Beispiel kann unser Experte für die Aufzucht von Dackeln (oder waren es die Wüstenspringmäuse?) sein Buch bei der Geburt des Welpen beginnen lassen und sich dann Monat für Monat, Kapitel für Kapitel weiter vorarbeiten und mit dem Welpen wachsen.

  - **Eine Sammlung von Tipps**
    Dieses Buchkonzept ist aus meiner Sicht besonders

einfach umsetzbar und daher für Erstautoren gut geeignet. Es gibt kaum ein Fachgebiet, in dem sich kein Buch mit den besten Tipps schreiben ließe. Mein bisher erfolgreichstes Buch „Was soll ich bloß posten?“ ist eines, dem dieses Konzept zugrunde liegt. Nach einem allgemeinen Teil, in dem ich die Grundlagen für die Social-Media-Arbeit erläutere, folgt der Hauptteil des Buches mit über 150 konkreten Ideen, womit man seine Social-Media-Kanäle füllen kann.

- **Wesentliche Bereiche**
  Jedes Thema hat verschiedenste Bereiche, die zu wichtig sind. Du kannst dein Buch nach diesen Bereichen gliedern und daraus Kapitel machen. Ein Kochbuch für Anfänger kann auf diese Art und Weise zum Beispiel sehr gut nach Gängen (Suppen, Vorspeisen, Hauptspeisen, Nachspeisen etc.) strukturiert werden.

- **Geografische Gliederung**
  Dein Buch geografisch zu gliedern ergibt dann Sinn, wenn dein Thema einen Bezug zur Geografie hat. Wenn ein Chinaexperte einen Reiseführer über China schreibt, bietet es sich an, dieses Buch nach den einzelnen Regionen, Provinzen oder auch Städten zu gliedern. Vor ein paar Tagen zu Weihnachten habe ich ein Buch über Kaffee geschenkt bekommen. Ein sehr schön gemachtes Buch mit vielen stimmungsvollen Bildern, aber auch einer Menge Text. Dieses Buch ist so aufgebaut, dass es nach einem allgemeinen Teil zu den wissenswerten Dingen über Kaffee ganz allgemein die lokal beliebten und verbreiteten Sorten und Zubereitungsvarianten in etlichen Ländern und Regionen beschreibt.

- **Orientiert an einer Methode**
  Wenn du nach einer bestimmten Methode arbeitest bzw. dich sogar über diese Methode positionierst, dann kannst du diese Methode natürlich zum Konzept deines Buches machen. Das bietet sich an und ist – nachdem ich davon ausgehe, dass du dich in deiner Methode sehr gut auskennst – auch relativ einfach umsetzbar. Beispiele dafür sind häufig in der Therapie und im Coaching zu finden. Da gibt es Bücher über NLP, Hypnose, Aufstellungsarbeit etc., die alle eine Methode oder Teile davon beschreiben. Innerhalb dieser Methode kannst du dein Buch dann zum Beispiel nach Anwendungsbereichen strukturieren oder auch lehrbuchartig aufbauen und den Leser Schritt für Schritt mit der Methode vertraut machen.

- **Ein Ratgeberroman**
  Das ist ein Format, das bei Lesern zum Teil sehr gut ankommt (das Verlage aber meist nicht mögen, aus Gründen, die mir noch niemand wirklich erklären konnte). Ich selbst habe bereits zwei Bücher mit diesem Konzept geschrieben. Dabei nimmt das Storytelling (das Verdeutlichen von inhaltlichen Punkten durch Beispiele und Geschichten) nicht nur die Nebenrolle, sondern die Hauptrolle ein. Das Buch ist ein Roman, in dem zum Beispiel ein Ratgeber verpackt ist. Dieser kann darin explizit vorkommen, indem er zum Beispiel von einer der handelnden Personen gelesen wird oder auch ganz in der Geschichte aufgehen. Ratgeberromane sind deutlich schwieriger zu schreiben als etwa eine Sammlung von Tipps und daher für das Erstlingswerk nicht zu empfehlen.

Das sind ein paar, wenngleich auch lange nicht alle Konzepte, wie du dein Buch aufbauen kannst.

Ich weiß, ich wiederhole mich, wenn ich sage, dass ein gutes Konzept der Unterbau, das Fundament für dein erfolgreiches Expertenbuchprojekt ist. Das, was hier schiefläuft, läuft wahrscheinlich im ganzen Projekt schief. Wenn dein Fundament instabil ist, wackeln die Wände und das ganze Haus stürzt in sich zusammen, sobald du das Dach draufsetzt.

Auf der Ressourcenseite zum Buch findest du diesbezüglich hilfreiche Dinge, mit denen wir dich dabei unterstützen, ein stabiles Fundament für dein Buchprojekt zu legen.

- **Titel und Untertitel**

Ich weiß, dass viele Autoren und Verlage den Titel erst ganz am Ende festlegen und ich selbst hatte auch schon Buchprojekte, wo ich bis kurz vor dem finalen Cover noch am Titel oder auch am Untertitel herumgebastelt habe. Dennoch ist es aus meiner Sicht empfehlenswert, den Titel und idealerweise auch den Untertitel festzulegen, bevor du beginnst, dein Buch zu schreiben. Du wirst dich dadurch leichter tun beim Schreiben, weil du immer das Versprechen vor Augen hast, das du dem Leser auf dem Cover gibst und das du im Buch erfüllen musst.

Außerdem ist der Titel für den Verkauf neben dem Cover das wahrscheinlich wichtigste Element. Daher solltest du nicht riskieren, daran noch knapp vor dem Launch herumzubasteln und dann eine aus der Zeitnot geborene, vielleicht halbherzige und wenig überzeugende Entscheidung treffen zu müssen.

Und ja, natürlich ist der Titel, den du zu Beginn definierst, nicht in Stein gemeißelt und kann immer noch geändert werden.

- **Die wichtigsten Keywords**

Es gibt kaum einen Bereich des digitalen Verkaufs, in dem Keywords bzw. Suchbegriffe keine wichtige Rolle spielen würden. Auch beim Vermarkten von Büchern auf allen möglichen Online-Kanälen ist es wichtig zu wissen, wonach potenzielle Leser suchen würden, wenn sie dein Buch finden sollen. Diese Wörter gilt es zu kennen, die wichtigsten zumindest, bevor du mit deinem Buch startest. Auch sie dienen dir als Licht, an dem du dich beim Schreiben orientieren kannst und erfüllen noch ein paar andere vermarktungstechnische Funktionen. Und vor allem sollte sich das eine oder andere besonders Wichtige auch im Titel wiederfinden.

Um diese paar wenigen wichtigen Suchbegriffe zu finden und zu definieren, reicht gesunder Menschenverstand aus. Für eine umfassende Keywordanalyse kommst du fast nicht darum herum, eines der Tools, die es dafür auf dem Markt gibt, zu nutzen. Keine Angst, die meisten sind kostengünstig oder gar kostenlos und sehr einfach zu verwenden.

Im Ressourcenbereich zu diesem Buch findest du übrigens auch hilfreiche Links zu Tools dieser Art. Schau vorbei unter https://www.romankmenta.com/autor-werden-ressourcen/.

- **Die Struktur und die Kapitel**

Was das Schreiben selbst angeht, gibt es natürlich verschiedenste Zugänge. Ich tue mich immer besonders leicht, wenn ich zu Beginn die Struktur meines Buches erstelle. Sie ist wie ein Baum mit einem Stamm (dem Thema), Hauptästen (den Kapiteln) und dünneren Ästen (den Abschnitten innerhalb der Kapitel). Beim Erstellen dieser Struktur sammle ich dann auch gleich inhaltlich Punkte, die zu den einzelnen Abschnitten und Kapiteln passen.

Danach, beim Schreiben selbst, brauche ich nur noch die Blätter an diesen Baum hängen (es ist ein Laubbaum) und das Buch ist fertig. Das Schreiben ist für mich das Befüllen der vordefinierten Struktur.

Natürlich gibt es andere Autoren, die ihre ganz eigenen und anderen Vorgehensweisen beim Schreiben haben. Wenn du keine bzw. keine bessere Vorgehensweise dafür hast, dann versuche es doch mit dieser, die ich verwende.

- **Die Buchformate**

Ebenso solltest du dir gleich zu Beginn überlegen, in welchem Format du das Buch herausbringen willst. Im Wesentlichen sind das das E-Book, Taschenbuch (Softcover) und Hardcover, wobei man auch das Hörbuch (zwar kein Buch im eigentlichen Sinn) als Format überlegen kann. Darüber muss deshalb so früh nachgedacht werden, da die Formate auch mit den Vertriebswegen zusammenhängen. Nicht jedes Format ist zum Beispiel über jede Vertriebsplattform umsetzbar.

Wenn du dein Buch im Eigenverlag herausbringst, würde ich eine E-Book- und Taschenbuch-Version unbedingt empfehlen. Ich selbst mache neuerdings auch immer öfter eine Hardcover-Ausgabe. Der Zusatzaufwand dafür ist sehr gering. Mein Ziel ist es dabei nicht, viele Hardcover-Versionen zu verkaufen, wenngleich die eine oder andere über den Ladentisch geht. Der Hintergrund ist ein vermarktungstechnischer, ein preispsychologischer, um genau zu sein. Durch die um etwa 10 Euro teurere Hardcover-Ausgabe wirkt das Taschenbuch preislich attraktiver, zumal ja der Inhalt exakt derselbe ist.

Außerdem denke ich (ohne genaue Daten zu haben), dass die Hardcover-Version vielleicht eher als Geschenk genutzt wird, weil sie hochwertiger wirkt.

Es gibt ein paar wenige Bücher in meinem eigenen Sortiment, bei denen eine E-Book-Variante keinen Sinn ergibt. Das sind zum Beispiel Workbooks, in die etwas hineingeschrieben werden soll.

Verlage gehen gerne den Weg, zuerst nur die Hardcover-Variante und eine E-Book-Version zu veröffentlichen. Die Hardcover-Ausgabe deshalb, um mit dem höheren Verkaufspreis mehr Geld zu verdienen, was aber durch die höheren Druckkosten nicht immer der Fall ist. Das E-Book wird dann meist „überteuert" für 15 und mehr Euro angeboten (ansonsten liegt der Preis für das E-Book bei Expertenbüchern bei meist zwischen 5 und 10 Euro), um die Leser in Richtung Hardcover zu lenken.

Je nachdem, wie deine Situation ist und worum es genau in deinem Buchprojekt geht, kannst du auf Basis dieser Informationen deine Formate definieren.

- **Die Sprachen**

Das Thema Fremdsprachen im Zusammenhang mit einem Buchprojekt scheint für viele (Erst-) Autoren zwei Schritte zu weit gedacht. Das ist es aber gar nicht. Mit den heutigen Möglichkeiten ist es nicht mehr sonderlich aufwendig, dein Buch weltweit zu publizieren.

Sollten Sprachen für dein Buch eine wichtige Rolle spielen, müssen diese natürlich auch zu Beginn festgelegt werden. Wenn deine Kunden gleichermaßen auf den deutschen wie auch auf den spanischen Sprachraum verteilt sind, dann sollte es dein Buch vermutlich auch auf Spanisch geben und alles, was mit der spanischen Version zusammenhängt (Übersetzung, Vertriebsplattformen etc.) ist Teil deines Buchprojektes.

Lass dich daher von der Idee, dein Buch auch in einer oder mehreren Fremdsprachen herauszubringen, nicht abschrecken oder gar dich von dieser Idee abbringen. Wenn eine Fremdsprache für dich wichtig ist, dann plane sie mit ein. Nebenbei: Man kann zum Beispiel ein deutsches Buch durchaus auch weltweit verkaufen. Überall gibt es Menschen, die Deutsch sprechen.

- **Die Vertriebsplattformen**

Wenn du meinst, es gäbe nur zwei wesentliche Wege, dein Buch zu verkaufen – Amazon und den traditionellen Buchhandel – dann liegst du weit daneben. Diese beiden mögen zwar in den meisten Fällen bei Weitem die Wichtigsten sein, die Einzigen sind es lange nicht. Vertriebs- und Vermarktungsplattformen für Bücher in allen möglichen Formaten sind in den letzten Jahren wie Pilze aus dem Boden geschossen. Etliche davon sind international tätig und auch wichtig, andere haben nur eine lokale Bedeutung, dürfen aber für diesen Markt auch nicht vernachlässigt werden.

Neben den reinen Vertriebsplattformen gibt es alle möglichen Abstufungen von Dienstleistern, die in verschiedener Art und Weise in deinem Buchprojekt eine Rolle spielen können. Eine Variante sind zum Beispiel auch Selfpublisher-Verlage (wie zum Beispiel Tredition in Hamburg, mit denen ich auch immer wieder arbeite), eine neue Art von Verlag mit deutlich abgespeckter Dienstleistung, aber dafür auch ohne die Hürden, die du mit einem normalen Verlag zu bewältigen hast.

Zu diesem Thema ist sicher auch BoD Book in Demand zu erwähnen, ein multifunktionaler Dienstleister, über den du dein Expertenbuch nicht nur publizieren kannst. Es werden auf dieser Plattform auch allerlei hilfreiche Dienstleistungen in allen Phasen des Buchprojektes angeboten – Cover, Satz, Korrektorat, Lektorat – bis hin zur

Bewerbung des fertigen Buches. Ich selbst habe mit BoD allerdings noch nie gearbeitet und vor allem keines meiner Bücher über BoD veröffentlicht.

Generell kann man sagen, dass dein Honorar pro Buch deutlich geringer ausfällt, wenn du über Dienstleister wie Tredition und BoD veröffentlichst. Für mich ist das eine Zusatzmöglichkeit, meine Bücher an möglichst viele Leser zu bringen, aber keineswegs mein Hauptvertriebskanal.

Das bedeutet, dass du dir in dieser frühen Phase auch schon überlegen solltest, wo du dein Buch verkaufen willst. Um es dir allerdings einfach zu machen, vor allem, wenn es dein erstes selbst veröffentlichtes Buch ist, will ich dich nicht allzu sehr verwirren mit den vielen Möglichkeiten, die das Internet bietet. Es reicht fürs Erste vollkommen aus, wenn du dein Buch über Amazon, der wichtigsten einzelnen Vertriebsplattform, veröffentlichst. Wenn du das geschafft hast und dein Buchprojekt dort erst einmal funktioniert, dann kannst du es in einem zweiten Schritt immer noch auf weiteren Plattformen veröffentlichen. Ich selbst mache auch immer zuerst die Veröffentlichung auf Amazon und in den darauffolgenden Wochen kümmere ich mich um weitere Vertriebswege.

Dein eigener Shop

Dabei kann natürlich auch dein eigener Shop eine Rolle spielen, wenn du einen auf deiner Website hast. Wenn das noch nicht der Fall ist, dann könntest du einen in sehr einfacher Form anlegen. Ich habe eine Unterseite, die „Shop“ heißt und auf der sich alle meine Bücher, Kartensets etc. finden lassen. Da ich bis dato noch keine Bezahlfunktion, geschweige denn einen eigenen physischen Versand eingerichtet habe, verlinke ich die „Kauf-Bottons“ in meinem Shop einfach zu Amazon bzw. anderen Plattformen, auf denen der interessierte Leser das Buch tatsächlich kaufen kann.

Im Moment arbeite ich auch an einer eigenen Shoplösung, die ich in meine Webseite integrieren werde. Inzwischen habe ich so viele Bücher, dass das auch Sinn ergibt. Dein Buch oder auch andere Produkte über deinen eigenen Shop direkt zu verkaufen hat ein paar Vorteile:

- Du bekommst die Adresse deiner Leser, denn es sind tatsächlich deine Kunden.
- Du hast dadurch viel mehr Möglichkeiten für Aktionen, Zusatzverkäufe usw.
- Deine Marge ist höher als das, was dir Amazon und andere Dienstleister als Tantiemen auszahlen.
- Du verringerst deine Abhängigkeit von einem großen Vertriebspartner – Amazon in den meisten Fällen – und das ist in meinem Fall ein sehr wichtiger Grund.

Wo Vorteile sind, gibt es auch Nachteile. Auf Grund der – trotz EU – immer noch bestehenden steuerlichen Ländergrenzen kann so ein eigener Buchshop zu nicht unerheblichem Mehraufwand für deinen Steuerberater führen, den er dir natürlich sehr gerne weiterverrechnet.

Für dein erstes Buch brauchst du dir aber keine großen Gedanken über ausgefeilte Shop-Lösungen zu machen. Richte es einfach so ein, dass dein Buch auf deiner Website gut sichtbar ist und irgendwohin verlinkt wird, wo es Besucher auch kaufen können. Und solltest du bereits einen eigenen Shop haben, dann ergibt es natürlich sehr viel Sinn, dein Expertenbuch dort als zusätzliches Produkt zu listen.

Sonderform: Der Buch-Funnel / Die „Free-plus-Shipping"-Strategie

Diese Sonderform des Vertriebs für dein Expertenbuch habe ich an früherer Stelle bereits angesprochen. Zur Wiederholung, sie funktioniert so:

1. Du bewirbst dein Buch als kostenloses Geschenk an potenzielle Leser, wobei diese nur die Versandkosten bezahlen müssen (meist so um die 6 €, was die echten Kosten inkl. Handling etc. meist noch nicht wirklich abdeckt und die Werbung schon gar nicht).

2. Du sammelst über eine geeignete Plattform (wie z. B. Digistore) die Bestellungen ein.

3. Im Zuge der Bestellung versuchst du ein weiteres Produkt an den neuen Leser zu bringen, das das Buch gut ergänzt – oft auch als Tripwire-Produkt bezeichnet. Das Tripwire kostet mehr als das Buch (oft zwischen 50 - 200 €) und wird oft ein digitales Produkt (ein Onlinekurs oder Ähnliches sein). Die Idee dabei ist, dem Buchkäufer genau das Produkt anzubieten, das ihn beim nächsten Schritt optimal unterstützt – und das zu sehr attraktiven Konditionen. Wenn das gut gemacht ist und deine Kunden das auch so sehen, kannst du damit die relativ hohen Werbekosten und den Versand über das Tripwire refinanzieren.

4. Du lässt das Buch drucken und verschickst es über passende Dienstleister.

5. Nachdem du auf diesem Wege auch die Kontaktdaten deiner Buchkäufer erhältst (was bei Amazon und den meisten anderen Vertriebsplattformen und Bookstores nicht der Fall ist), kannst du diese Kontakte über andere Vertriebsmethoden

(Telefonanrufe, E-Mail-Marketing, Social-Media-Direktansprache etc.) weiterbearbeiten und so höherpreisige und größere Produkte oder Leistungen anbieten und verkaufen.

Der Book-Funnel ist also eine Strategie, in der dein Expertenbuch der erste Schritt zu weiteren Kunden ist, deren Umsätze mit dir letztlich den Buchumsatz bei weitem übersteigen.

Und wenn dir das jetzt zu komplex und weit gedacht klingt, da du vielleicht noch nicht einmal eine einzige Zeile für dein Expertenbuch geschrieben hast, keine Angst. Das ist erstens nichts, was du machen musst und zweitens etwas, das du auch zu einem späteren Zeitpunkt immer noch machen kannst. Wichtig dabei ist einzig, dass die Möglichkeit, dein Expertenbuch für diese Strategie zu nutzen, von Beginn an im Konzept deines Buches mitbedacht wurde. Das ist der einzige Grund, weshalb ich es kurz umrissen habe.

Und ja, du wirst es vermutlich bemerkt haben: Dieses Buch hier ist auch Teil eines „Free-plus-Shipping“-Funnels.

- **Das Amazon KDP-Konto**

Aufgrund der Bedeutung von Amazon für die Publikation und Vermarktung deines Expertenbuches empfehle ich dir jetzt schon dein Amazon-KDP-Konto anzulegen. Das ist einfach, kostenlos und dauert nur ein paar Minuten. Was du dafür allerdings benötigst, ist eine Kreditkarte, von der Amazon dann die Kosten für deine zukünftigen Werbekampagnen abbuchen kann.

- **Die Größe und Seitenanzahl**

Auch das physische Format deines Buches, die Größe, sollte sehr früh definiert werden, da sie Auswirkungen auf die oben definierten Formate (vor allem Taschenbuch und Hardcover) haben kann.

Dabei spielen nicht nur die Abmessungen eine Rolle, die die Breite und Länge betreffen, sondern natürlich auch die Dicke. Diese bestimmt sich im Wesentlichen aus der Anzahl der Worte und der daraus entstehenden Seitenanzahl. Wie viele Seiten soll dein Buch haben (darüber haben wir an früherer Stelle bereits gesprochen) bzw. wie viele Wörter willst du schreiben? Natürlich können und werden es auch oft weniger oder mehr werden, aber die Größenordnung sollte definiert sein.

Die Seitenanzahl wird durch folgende Faktoren beeinflusst:

- Anzahl der Wörter
- Anzahl und Größe der Grafiken und Bilder
- Größe der verwendeten Schrift
- Zeilenabstand
- Absätze
- Blocksatz oder Flattersatz? – Ein Blocksatz braucht weniger Seiten
- Leerseiten und Seitenumbrüche
- Abmessungen des Buches

Du siehst also, die Anzahl der Seiten deines Expertenbuches ist sehr stark beeinflussbar. Das bedeutet auch, dass du nicht unbedingt viel mehr schreiben musst, damit es dicker wird. Du kannst die Anzahl der Seiten auch durch die anderen Faktoren erhöhen oder reduzieren. Übertreibe es aber bloß nicht beim „künstlichen" Erhöhen der Seitenanzahl. Die Leser merken das und sind verstimmt, weil sie (zurecht) das Gefühl haben, zu viel bezahlt zu haben.

- **Der Preis**

Apropos, zu viel bezahlt. Auch der Preis deines Buches ist etwas, das du jetzt bereits festlegen kannst (aber auch noch später tun könntest). Mache eine Recherche, welche Bücher es in deinem Themenbereich sonst noch so gibt und wie viel diese kosten – getrennt nach E-Book, Hardcover und Taschenbuch.

Da du dich über dein Buch als DER Experte oder DIE Expertin in deinem Bereich positionieren möchtest, darf dein Buch nicht billiger sein, als die Bücher deiner seriösen Mitbewerber und sollte unbedingt mehr kosten als „Schrottratgeber" von Nichtexperten, die es auch in deiner Nische geben könnte.

Im Normalfall – und das ist für die meisten Expertenbücher mit 150 - 200 Seiten zutreffend – heißt das:

- 10 Euro für das E-Book,
- 20 Euro für das Taschenbuch und
- 25 – 30 Euro für das Hardcover

Mit diesen Richtwerten liegst du nicht falsch, außer du hast ein Fachbuch mit einigen 100 Seiten verfasst. Dieses darf bzw. muss auch deutlich mehr kosten.

- **Die Zusatzprodukte**

Worüber du auch nachdenken könntest, sind Zusatzprodukte zu deinem Buch. Das ist kein Muss, bietet sich aber – je nach Themenbereich und Branche – natürlich an. Ich selbst habe bereits ein paar Mal physische Zusatzprodukte (Kartensets) hergestellt, die das jeweilige Buch ergänzen. Damit meine ich nicht den wirklichen Upsell, zu dem ich gleich noch komme, sondern kleine ergänzende Produkte analoger oder (viel besser) digitaler Form, die die Leserbindung erhöhen und dich noch stärker als Experte positionieren.

Im einfachsten Fall hast du diese bereits und solltest sie nur noch im Buch selbst ins Spiel bringen bzw. bewerben. Oder aber du hast im Rahmen deines Buchprojektes eine ganz neue Idee für ein Produkt, das perfekt zu deinem Buch passt.

Verliere dabei aber nicht den Fokus auf das Buch selbst. Wenn es dein Erstlingswerk ist, dann hast du damit erfahrungsgemäß genug zu tun, auch ohne komplizierte Zusatzprodukte – vor allem wenn es physische sind. Ich wollte dir mit diesem Hinweis nur eine Idee für weitere Buchprojekte geben.

- **Der Upsell**

Worüber du aber unbedingt intensiv nachdenken solltest, ist der Upsell. Also das, was du mittels des Buches im nächsten und übernächsten Schritt verkaufen willst. Wenn du dein Expertenbuch nicht nur als Visitenkarte nutzen willst oder dafür, mehr Sichtbarkeit und Reichweite zu bekommen, ist das etwas, was du von Beginn an einplanen musst.

Dabei handelt es sich um Produkte, die deine Leser als sinnvollen nächsten Schritt brauchen können und werden. Dein Buch – sofern es gut gemacht ist – löst ein oder mehrere Probleme der Leser und wirft gleichzeitig neue auf. Und um diese zu lösen, bietest du deinem Leser ein weiteres Produkt an.

Lass mich diese Überlegung auf dieses Buch bezogen beispielhaft erläutern:

- Du hast dieses Buch gekauft, weil du dich vielleicht über dein eigenes Expertenbuch besser positionieren willst. Du denkst möglicherweise schon länger darüber nach und willst die Sache jetzt endlich angehen. Für dich war das Buchprojekt allerdings immer so riesig, dass du dich davor gescheut hast, es anzugehen und es immer wieder vor dir hergeschoben hast.

- Durch dieses Buch hier hast du die nötigen Informationen und die Motivation bekommen, jetzt endlich den nächsten Schritt zu tun und dein Expertenbuchprojekt zu starten. (Wenn das der Fall ist, dann habe ich bzw. das Buch einen guten Job gemacht).

- Dadurch haben sich allerdings ein paar neue Fragen (=Probleme) aufgetan, die nun zur gelöst werden müssen. Das sind zum Beispiel folgende:
    - Worüber soll ich denn schreiben?
    - Welche Art von Buch ist denn passend für mein Business?
    - Wie strukturiere ich mein Buch?
    - Wie finde ich bloß die Zeit zum Schreiben?
    - ... und noch einige mehr

- Die Antworten auf diese Fragen (= die Lösung dieser Probleme) kann ich nur in Produkte und Leistungen verpacken und dir anbieten, weil es genau das ist, was du aktuell in einem nächsten Schritt benötigst.

Nachdem du manche dieser Angebote vermutlich bereits erhalten hast (und vielleicht sogar bereits angenommen hast), denke ich, weißt du, wovon ich spreche. Wenn nicht, dann schau auf der Ressourcenseite vorbei. Dort findest du genau die Dinge, die dich in deinem Buchprojekt voranbringen und dich bei deinen nächsten Schritten unterstützen.

https://www.romankmenta.com/autor-werden-ressourcen/

Und genau diese Überlegungen solltest du für dein Expertenbuch anstellen. Idealerweise hast du zu Beginn gleich das Ende vor Augen, oder zumindest die nächsten Schritte.

- **Der Klappentext**

Ich würde ebenfalls empfehlen, den Klappentext zu schreiben, bevor du mit dem Buch beginnst, aber nachdem du die Struktur und die Kapitel definiert hast. Wie auch der Titel des Buches dient er dir als Orientierung beim Schreiben. Im Klappentext detaillierst bzw. vertiefst du das Versprechen, das du dem Leser gibst, noch weiter, um es im Buch selbst dann zu erfüllen.

Dieser muss zu dem Zeitpunkt natürlich noch nicht final sein und kann jederzeit noch ohne Probleme geändert werden.

- **Die Kontaktstrategie**

Und last but not least solltest du dir auch überlegen, wie du direkten Kontakt zu deinen Lesern bekommst. Wenn du über Amazon, eine andere digitale Plattform oder über den Buchhandel verkaufst, deine Leser sind nicht deine Kunden, sondern immer die Kunden deines Vertriebspartners. Das ist enorm wichtig zu verstehen, denn es bedeutet auch, dass du die Namen deiner Leser nicht kennst und schon gar nicht ihre E-Mail-Adressen bekommst. Wenn du über deinen eigenen Shop verkaufen solltest oder überhaupt eine „Free-plus-Shipping"-Strategie verfolgst, dann sind die Leser von Beginn an deine Kunden und du hast diese Frage bereits zufriedenstellend gelöst.

Wenn du über fremde Plattformen verkaufst, ist es ein wichtiges Ziel, an die Mailadressen deiner Leser zu kommen, um diese dann für weitere Verkäufe nutzen zu können. Und diese Strategie, wie du an die Leseradressen kommst, gilt es zu definieren.

Ich mache das meisten so, dass ich im Buch selbst noch auf zusätzliche, hilfreiche und weiterführende/ vertiefende Inhalte zum Downloaden hinweise, die sich die Leser auf meiner Website kostenlos holen können. Typischerweise sind das:

- E-Books
- Checklisten
- Listen mit Tools für den jeweiligen Bereich
- Kleine Videokurse

... oder auch noch ganz andere Dinge, die zu deinem Buch passen und digital und automatisiert (das ist wichtig) an den Leser versendet werden können.

Das sind zwar nicht alle, aber doch die wesentlichsten Punkte für das Fundament deines Buchprojektes. Wenn du diese festgelegt hast, ist dir der Bestseller zwar noch nicht sicher, aber die Wahrscheinlichkeit, dass dein Buch nicht nur Realität wird – und das zügig und in guter Qualität – sondern sich auch auf dein Business positiv auswirkt, sind deutlich gestiegen.

Die Produktionsphase

In der Produktionsphase gibt es nicht so viele verschiedene Dinge zu tun, dafür aber ein paar ganz entscheidende für das Gelingen deines Buchprojektes.

- **Das Schreiben deines Buches**

In dieser Phase steht vor allem eines im Vordergrund: Das Schreiben deines Buches, egal ob du es selbst machst, dir dabei helfen lässt oder es ganz an einen Ghostwriter auslagerst. Wie lange du dafür brauchst, hängt, wie weiter vorne schon erwähnt, von deiner Schreibgeschwindigkeit ab, aber natürlich auch von der Zeit, die du ins Schreiben investieren kannst bzw. willst.

Grundsätzlich gibt es zwei Varianten: Du schreibst nicht so viel pro Tag, aber dafür regelmäßig jeden Tag (und ich meine JEDEN Tag), oder aber du nimmst dir viel Zeit am Stück – einmal pro Woche einen ganzen Tag zum Beispiel – und schreibst in größeren Blöcken. In kleinen Einheiten unregelmäßig zu schreiben, ist nicht sehr effizient. Du brauchst viel zu lange, um jedes Mal in den Schreibfluss zu kommen, da du zum Teil schon wieder vergessen hast, was du zuletzt geschrieben hast. Wenn deine letzte Schreibeinheit erst gestern war, dann kannst du dich – so hoffe ich – noch gut erinnern, was du geschrieben hast.

Ich selbst schreibe übrigens regelmäßig in kleinen Einheiten. So ist auch dieses Buch in seiner ersten Version entstanden. In dieser Tabelle siehst du die echte Fortschrittsdokumentation dieses Buches.

Tag	Datum	Zeit	Stunden	Summe Stunden	Worte / Tag	Worte gesamt	Kommentar
1	05.12.22	9:45-10:30	0,75	0,75	731	731	Konzept und erste Worte
2	06.12.22	6:45-7:45	1	1,75	1.018	1.749	Vorwort und erstes Kapitel begonnen
3	07.12.22	6:30-7:30	1	2,75	1.120	2.869	Meine eigene Buchgeschichte
4	08.12.22	9:00 - 9:20	0,33	3,08	416	3.285	Mein echter Buchstart
5	09.12.22	9:20 - 10:20	1	4,08	1.233	4.518	Meine Buchgeschichte Fortsetzung
6	10.02.22	7:15 - 9:15	2	6,08	2.433	6.951	Meine Buchgeschichte fertiggestellt
7	11.12.22	8:30 - 9:30	1	7,08	1.225	8.176	Vorteile und Gründe
8	12.12.22	6:45 - 7:15	0,5	7,58	695	8.871	Vorteile und Gründe
9	13.12.22	6:45 - 7:45	1	8,58	1.308	10.179	Vorteile und Gründe
9	13.12.22	20:15 - 20:45	0,5	9,08	828	11.007	Arten von Büchern
10	14.12.22	7:10 - 7:30	0,3	9,38	493	11.500	Vor- und Nachteile von Verlagsbüchern
11	15.12.22	6:15 - 7:15	1	10,38	1.405	12.905	Vor- und Nachteile von Verlagsbüchern
12	16.12.22	7:30 - 8:00	0,5	10,88	700	13.605	Vor- und Nachteile von Verlagsbüchern
13	17.12.22	7:30 - 8:30	1	11,88	1.406	15.011	Selber schreiben oder schreiben lassen?
14	18.12.22	7:30 - 9:20	2	13,88	3.011	18.022	Wie lange dauert das Schreiben? Was ist ein Bestseller?
15	19.12.22	6:30 - 8:45	1,25	15,13	1.817	19.839	Die Phasen des Buchprojektes
16	20.12.22	9:30 - 10:00	0,5	15,63	649	20.488	Die Phasen des Buchprojektes - Produktionsphase
17	21.12.22	15:45 - 16:15	0,5	16,13	610	21.098	Die Phasen des Buchprojektes - Launchphase
18	22.12.22	10:15 - 11:00	0,5	16,63	678	21.776	Die Phasen des Buchprojektes - Launchphase
19	23.12.22	14:15 - 15:15	1	17,63	1.014	22.790	Die Phasen des Buchprojektes - Launchphase
20	24.12.22	9:15 - 10:45	1,5	19,13	1.643	24.433	Die Phasen des Buchprojektes - Launchphase
21	25.12.22	7:15 - 7:35	0,33	19,46	531	24.964	Die häufigsten Fehler - und Schluss
21	25.12.22	7:45 - 9:15	1,5	20,96	744	25.708	1. Überarbeitung
22	26.12.22	8:30 - 9:30	1	21,96	510	26.218	1. Überarbeitung
23	27.12.22	8:15 - 9:15	1	22,96	617	26.835	1. Überarbeitung
23	27.12.22	10:45 - 11:15	0,5	23,46	151	26.986	1. Überarbeitung
24	28.12.22	7:00 - 9:00	2	25,46	1.333	28.319	1. Überarbeitung
25	29.12.22	10:15 - 11:45	1,5	26,96	1.099	29.418	1. Überarbeitung
26	30.12.22	9:30 - 10:30	1	27,96	612	30.030	1. Überarbeitung

Ich habe für dich eine weitere kleine Tabelle zusammengestellt, die dir dabei hilft, abschätzen zu können, wie lange du für dein Buch brauchst. Als Richtwert kannst du davon ausgehen, dass ein normales Expertenbuch mit 150+ Seiten in jedem Fall in 3 Monaten geschrieben sein sollte.

Mit den Zahlen in der folgenden Tabelle kannst du rasch eine grobe Schätzung vornehmen, wie viel Zeit du für dein Buch brauchen wirst. Du schätzt (oder testest das), wie viele Wörter du pro Stunde schreibst (1. Spalte; sei dabei eher konservativ und überschätze dich nicht) und hast ja bereits festgelegt, wie viele Wörter dein Buch in etwa haben soll (Zeile oben von 15.000 bis 40.000). Mangels eines anderen Ziels nimm dir 30.000+ Wörter vor. In den Kästchen, wo sich die beiden Werte treffen, findest du dann die Anzahl der Stunden, die du voraussichtlich benötigst bzw. (rechts daneben) die Anzahl der Arbeitswochen (á 1 Schreibstunde pro Arbeitstag).

	Wörter gesamt											
Wörter / Stunde	**15.000**		**20.000**		**25.000**		**30.000**		**35.000**		**40.000**	
	Std.	**A-Wo.**	**Std.**	**A-Wo.**	**Std.**	**A-Wo.**	**Std.**	**A-Wo.**	**Std.**	**A-Wo.**	**Std.**	**A-Wo.**
300	50	10	67	13	83	17	100	20	117	23	133	27
500	30	6	40	8	50	10	60	12	70	14	80	16
700	21	4	29	6	36	7	43	9	50	10	57	11
1.000	15	3	20	4	25	5	30	6	35	7	40	8
1.500	10	2	13	3	17	3	20	4	23	5	27	5

Wenn du dich beim Schreiben deines Buches durch einen Schreibcoach unterstützen lassen willst bzw. es ganz an einen Ghostwriter auslagerst, dann ist es jetzt höchste Zeit, dich nach passenden Dienstleistern umzusehen. An sich sollte es nicht schwierig sein, geeignete Experten dafür zu finden. Die Frage ist aber – speziell bei Ghostwritern – ob diese

Zeit haben, rasch mit deinem Projekt zu beginnen oder für die nächsten Monate bereits verplant sind.

- **Das Cover**

Es gibt zwei Dinge, die die allergrößte Bedeutung in der erfolgreichen Vermarktung deines Buches haben: der Titel und das Cover. Über den Titel haben wir schon gesprochen. Den solltest du ja bereits recht früh im Buchprojekt definieren. Das Cover ist jetzt in der Produktionsphase an der Reihe. Dabei solltest du bedenken, dass ein gutes Cover nicht erzwungen werden kann, sondern durch einen kreativen Prozess entsteht. Mir ist es bereits zweimal (!!) passiert, dass ich mit dem Cover zu spät begonnen habe und dann relativ knapp vor dem geplanten Buchlaunch noch am Cover herumdoktern musste. Das ist natürlich nicht gut, denn solche Situationen mit zeitlichem Druck sind für kreative Tätigkeiten nicht förderlich.

Übrigens, falls du auf die Idee kommen solltest, das Cover selbst zu machen – immerhin bieten moderne Grafikprogramme wie Canva allerlei Vorlagen und Hilfen dafür – mache es nicht bzw. nur dann, wenn du selbst gelernter Grafiker bist.

Wenn du das nicht bist, suche dir einen Grafiker mit Erfahrung beim Gestalten von Buchcovers und idealerweise auch mit Erfahrung bei Amazon-KDP. Als Grafiker ein Cover gemäß den Amazon-Vorgaben zu gestalten ist zwar nicht sonderlich schwierig, aber hat doch so seine Eigenheiten und Tücken.

Dasselbe gilt natürlich auch für andere Vertriebsplattformen, auf die du dein Buch hochladen kannst. Auch dort kann es individuelle Anforderungen für die Grafik geben.

- **Das Lektorat/ Korrektorat**

Während die Entstehung des Covers parallel zum Schreiben laufen wird bzw. muss, gibt es ein paar weitere wesentlichen Aufgaben, die erst dann umgesetzt werden können, wenn dein Buch fertig geschrieben ist. Eines davon ist das Lektorat bzw. das Korrektorat. Wo ist der Unterschied zwischen den beiden Tätigkeiten? Während sich der Korrektor vor allem um die Beseitigung von Rechtschreib- und Grammatikfehlern sowie die korrekte Zeichensetzung kümmert, greift der Lektor in die Art, wie du schreibst und den Text mitsamt den Inhalten ein. Ein guter Lektor sorgt dafür, dass dein Buch verständlicher, lesbarer und alles in allem besser wird. Er gibt dir auch Tipps und Anregungen zum Inhalt.

Ein Korrektorat brauchst du in jedem Fall und – unter uns gesagt – trotz Korrektorat werden immer ein paar Fehler im Buch verbleiben. Ob du dir als Selbstverleger auch einen Lektor buchst (der oft das Korrektorat mitmacht) hängt davon ab, wie gut bzw. erfahren du als Autor bist. Die Dienste eines erfahrenen, guten Lektors schaden in keinem Fall, es verlangsamt aber möglicherweise den Schreibprozess, da durch das Feedback des Lektors ein paar mehr Überarbeitungen auf dich zukommen. Das musst du zeitlich einplanen.

Auch wenn die finale Korrektur erst ganz am Ende stattfindet, ist es ratsam, dass du dich sehr frühzeitig um einen Korrektor/ Lektor umschaust. Auch diese Dienstleister warten nicht unbedingt auf dein Buch, sondern sind möglicherweise für ein paar Wochen ausgelastet.

- **Das Layout / der Buchsatz**

Das Layout bzw. der Buchsatz, das heißt das in grafisch ansprechende Form Bringen des Textes ist in den meisten Fällen die einfachere Aufgabe. Das muss sauber, ordentlich und gut lesbar gemacht werden. Eine große Kreativleistung (anders als beim Cover) ist dafür nicht (unbedingt) nötig. Der Grafiker, der das Cover macht, kann den Buchsatz gleich mitmachen. Der Satz kann aber auch von einem anderen Grafiker gemacht werden. Die Durchführung ist zeitlich gut planbar und sollte für ein normales Expertenbuch samt zwei oder drei Korrekturdurchläufe nicht länger als eine Woche dauern.

Obwohl der Buchsatz erst gemacht werden kann, wenn der Text korrigiert ist und alle Grafiken, Bilder, Links etc. vorliegen, kannst du dir auch dafür schon früh in deinem Buchprojekt einen Dienstleister dafür suchen. Was du hast, hast du. Dabei erstellt der Grafiker typischerweise alle Formate – E-Book, Taschenbuch und Hardcover (das manchmal leichte Adaptionen erfordert).

- **Der Lesermagnet**

Wenn du geplant hast, die Leser deines Buches, wie vorhin beschrieben, auf deine Seite zu lotsen, um ihnen dort einen zum Buch passenden und möglichst attraktiven Lesermagneten kostenlos (im Tausch gegen ihre Mailadresse) zum Download anzubieten, dann muss dieses „Freebie“ (Beispiele dafür habe ich an früherer Stelle bereits erwähnt) samt der dazugehörigen Seite auf deiner Domain in der Produktionsphase fertiggestellt und verlinkt werden. Ob das früher oder später geschieht, ist egal, Hauptsache es ist alles online und funktioniert, sobald dein Buch gelauncht wird.

- **Die Vertriebsplattformen**

Auf den Vertriebsplattformen, über die du dein Buch anbieten willst, musst du dich registrieren, falls du das wie im Falle von Amazon-KDP nicht schon gemacht hast. Das geht normalerweise schnell und meist auch problemlos. Für den Fall, dass es doch Probleme gibt, würde ich dir empfehlen, das möglichst früh zu erledigen.

- **Das Buch hochladen**

Wenn dann all das erledigt ist, dann muss vor allem eines noch getan werden, um dein Buch für den Launch – den Verkaufsstart – fertigzumachen. Du musst es in allen Formaten (E-Book, Printformate) auf die einzelnen Plattformen hochladen. Auch damit würde ich mir nicht bis knapp vor dem geplanten Launch-Termin Zeit lassen. Diesen Fehler habe ich auch bereits ein- oder zweimal gemacht.

Beim Hochladen kommen – wenn etwas nicht mit den technischen Anforderungen der jeweiligen Plattform übereinstimmt – Fehlermeldungen. Diese ziehen dann meist noch eine Korrektur durch die Grafik nach sich. Nichts Großes zumeist doch zwei oder drei Tage vergehen ganz schnell und das ist viel Zeit so knapp vor dem Launch.

- **Das Probeexemplar**

Sobald dein Buch hochgeladen ist, kannst du dir (bei Amazon) ein Probeexemplar bestellen. Dieses sieht genauso aus, wie dein Buch aussehen wird, sobald es online ist, nur dass eine graue Schleife aufgedruckt ist, auf der „Nicht zum Wiederverkauf bestimmt“ steht. Mit diesem kannst du überprüfen, ob das Endresultat passt oder gegebenenfalls noch Korrekturen vorzunehmen sind. Ein gedrucktes Buch ist doch noch einmal etwas anderes als nur die Seiten oder das Cover auf dem Bildschirm zu kontrollieren. Es gibt Dinge, die fallen dir erst auf, wenn du das fertige Buch in den Händen hältst.

Ich mache das bei manchen meiner neuen Buchprojekte, vor allem dann, wenn ich mich an einem neuen Format, einem speziellen Buchsatz etc. versuche. Bei deinem ersten Buch, das du selbst publizierst, würde ich dir diesen Schritt der Qualitätskontrolle unbedingt empfehlen.

Im Rahmen der letzten Buchprojekte bin ich zweimal sogar einen Schritt weitergegangen. Ich habe mir von einer Druckerei ein paar Stück des Buches vorproduzieren lassen (einmal mit und einmal ohne Inhalt). Damit konnte ich einerseits Fotos und Videos für die Vermarktungsphase bereits vorproduzieren und diese auch als Musterexemplare für spezielle Adressaten (Marketing- und Vertriebspartner etc.) verwenden. Im Normalfall ist das kein Muss für dich.

Damit ist die Produktionsphase im Wesentlichen abgeschlossen und dein Buch ist bereit für den Launch.

Die Vermarktungsphase

Die Launchphase beginnt allerdings nicht nach Abschluss der Produktionsphase, sondern lange vorher. Normalerweise definierst du die ersten Aktivitäten bereits 2 Monate vor dem geplanten Verkaufsstart. Wenn es dein erster Buchlaunch ist, dann empfehle ich dir, besser drei Monate vorher zu beginnen. Das bedeutet, die Launchphase läuft zu einem guten Teil parallel zur Produktionsphase und endet in etwa ein bis zwei Monate nach dem Verkaufsstart.

Das bedeutet nicht, dass du dann mit der Vermarktung deines Expertenbuches aufhören solltest. Das ist vielmehr ein kontinuierlicher Prozess, der sich durchaus über ein oder zwei Jahre – je nach Buchthema auch länger – erstrecken sollte. Ich muss gestehen, dass bei mir selbst die Launchphasen meist viel kürzer waren bzw. sind, da ich in den letzten Jahren meine Bücher zum Teil in zweimonatigen Rhythmen publiziert habe. Das ist vermutlich bei dir nicht der Fall, daher nimm dir Zeit für einen ausführlichen Launch.

Was sind nun die wichtigsten Dinge bzw. Meilensteine in der Launchphase? Im Folgenden gebe ich dir einen Überblick über die wesentlichen und grundlegenden Punkte, die zu beachten sind. Da jeder Autor ganz unterschiedliche Schwerpunkte hat, wird auch der jeweilige Launch verschieden und individuell ablaufen.

Vor dem Launch

Die Launchphase kann man grob in drei weitere zeitliche Bereiche unterteilen:

- Vor dem Launch
- Der Launch
- Nach dem Launch

Diese Einteilung soll dir helfen, deine Aufgaben richtig einzuordnen und dir noch mehr Struktur geben. Für einen erfolgreichen Launch sind nämlich einerseits die einzelnen Elemente, die wir gleich besprechen, wichtig, entscheidend ist aber vor allem das zeitliche Zusammenspiel dieser. Es ist ein wenig wie ein Konzert, bei dem du die Dirigentin oder der Dirigent bist. Jeder Musiker muss an der richtigen Stelle das Richtige spielen, damit es ein großartiges Konzert wird.

- **Der Launchplan**

Wie für jedes größere Projekt – und der Launch deines Buches ist ein solches – braucht es einen Plan, in dem definiert ist, wann, wer, was macht. Der Launchplan ist sozusagen die Partitur deines Launchkonzertes.

Du musst dir überlegen, was deine Launchstrategie ist. Diese hängt auch sehr stark davon ab, welche Möglichkeiten dir zur Verfügung stehen, welche Ressourcen (zeitlich, personell und finanziell) du hast und wo deine Stärken in der Vermarktung liegen.

Wenn du zum Beispiel einen gerne gehörten Podcast mit größerer Reichweite betreibst, dann sollte dieser natürlich eine wichtige Rolle in deinem Buchlaunch spielen. Extra dafür einen Podcast zu starten, würde ich dir im Normalfall nicht empfehlen. Wenn Social Media zu deinen Stärken zählt, dann sollte das intensiv in deinen Launch miteinbezogen werden.

Liste all deine Ressourcen in medialer Hinsicht auf (Blog, Podcast, Social-Media-Kanäle etc.) und mache dir eine Übersicht (ich persönlich mache so etwas immer auf Excel) mit den Kanälen bzw. Aktivitäten in den Zeilen und den Tagen in den Spalten.

- **Dein Amazon-Autorenprofil**

Wenn du dein Buch (unter anderem) auf Amazon verkaufst (egal, ob im Eigenverlag oder über einen Verlag), dann solltest du dort unbedingt dein Autorenprofil anlegen. Das ist einfach und braucht keine gesonderte Erklärung. Dort kannst du dich – wie auf einer Miniwebsite – mit Texten, Bildern und sogar Videos selbst präsentieren. So positionierst du dich dort als echte Expertin bzw. echter Experte.

Das ist insofern wichtig, da es dort leider viele andere gibt, die „Expertenbücher“ publizieren und sich als Experten ausgeben, aber keine sind. Solche Bücher werden dann von (oft auch sehr schlechten) Ghostwritern geschrieben und das für teilweise sehr wenig Geld. Die „Experten“ agieren dann oft unter Pseudonymen, haben oft keine Ahnung vom Thema ihres Buches und in manchen Fällen sogar das „eigene“ Buch nicht einmal gelesen.

Hinzu kommt, dass du mit deinem Autorenprofil deinen Lesern die Möglichkeit gibst, dir auf Amazon zu folgen. Bei einem weiteren Buch wird Amazon diese Follower dann davon in Kenntnis setzen, dass es ein neues Werk von dir gibt. Nicht um dir etwas Gutes zu tun, sondern ganz einfach nur, um mehr Bücher zu verkaufen. Ich war selbst überrascht, als ich vor Kurzem erstmals mit einem neuen Tool, das ich benutze, auch diese Followerzahlen gesehen habe. Es sind inzwischen über 1.000.

- **Die Keywordanalyse**

Wir haben über die Keywordanalyse schon weiter vorne im Buch – im Rahmen der Titelfindung – gesprochen. Jetzt ist es an der Zeit, noch wesentlich tiefer in dieses Thema einzusteigen. Du brauchst die passenden Keywords, unter denen potenzielle Leser dein Buch auf Amazon finden sollen, um diese Keywords bei Amazon zu hinterlegen und vor allem auch für die bezahlte Werbung dort. Dazu gibt es eigene Strategien und passende Tools (ich selbst verwende Helium 10), die dir diese Aufgabe deutlich erleichtern. Auf der Ressourcenseite findest du unter anderem auch eine Liste solcher Tools. Schau vorbei unter https://www.romankmenta.com/autor-werden-ressourcen/.

Doch nicht nur für Amazon ist eine umfassende Keywordanalyse wichtig. Auch wenn du die Vermarktung deines Buches zum Beispiel mit Blogbeiträgen (auf deiner Seite oder auch auf fremden) unterstützen willst, brauchst du dafür die richtigen Keywords, damit die Beiträge von Google gefunden und idealerweise auf der ersten Seite bei Suchen angezeigt werden. Diese Keywords sind teilweise andere als auf Amazon, da die das Ziel der Suchenden auf Google im Vergleich zu Amazon unterschiedlich ist. Wenn jemand auf Amazon etwas sucht, dann will er etwas kaufen – ein Buch in deinem Fall. Auf Google wird meist sehr viel allgemeiner nach Informationen zu einem bestimmten Thema gesucht.

- **Das Amazon-Ads-Konzept**

Wie schon erwähnt, ist es sehr empfehlenswert, für dein Expertenbuch auf Amazon Werbung zu schalten. Ich würde sogar behaupten, dass es heutzutage ein Muss ist, um deinem Buch überhaupt die Möglichkeit zu bieten, auf dieser Plattform erfolgreich zu sein. Das Amazon-Werbesystem funktioniert im Prinzip ähnlich wie das bei Google oder auch bei Facebook. Man bietet einen bestimmten Betrag pro Klick. Wenn die Höhe des Gebotes passt und ein paar andere Faktoren auch stimmen, wird die Werbung für dein Buch ausgespielt. Bezahlen musst du nur dann, wenn jemand auf deine Anzeige klickt.

Und doch gibt es zwei ganz wesentliche Unterschiede zwischen Amazon-Ads (wie es normalerweise bezeichnet wird) und Facebook- oder Google-Ads. Amazon hat – mehr als die anderen – tatsächlich das optimale Erlebnis für den kaufenden Kunden als Ziel, das auch beinhart verfolgt wird. Das bedeutet zum Beispiel auch, dass deine Anzeige nicht ausgespielt wird, wenn sie nicht oft genug geklickt wird. Da kannst du dann auch bieten, was du willst. Wenn der Amazon-Algorithmus meint, dass potenzielle Kunden deine Anzeige nicht sehen wollen, dann verbrennt Amazon dein Geld nicht unnötig.

Ich selbst habe sehr viele Kampagnen laufen – Stand heute 316 allein im deutschsprachigen Raum und darunter verstecken sich noch mehr Anzeigegruppen – und das meist mit Tagesbudgets von um die 5 Euro pro Kampagne. Es passiert allerdings ganz selten, dass ich an einem Tag das Budget tatsächlich aufbrauche. Das ist meist dann der Fall, wenn sich ein Buch gerade sehr gut verkauft. Bei Facebook zum Beispiel wird häufig das Budget, das man freigibt, tatsächlich verbraucht, koste es, was es wolle.

Der zweite wesentliche Unterschied ist, dass du bei Amazon keinerlei Texte oder Bilder für deine Werbung (im Normalfall – es gibt

Werbesonderformen) kreieren kannst. Es wird automatisch das Cover des Buches zum Sujet für deine Anzeige. Das ist ein Vorteil, da die Erstellung der Kampagnen dadurch sehr viel einfacher wird.

Das Amazon-Ads-System selbst bietet viele Möglichkeiten, Anzeigen zu schalten – auf bestimmte Keywords, spezielle Produkte (nicht nur andere Bücher, sondern auch so ungefähr alles andere, was es bei Amazon zu kaufen gibt) oder auch einzelne Kategorien von Büchern. Und wenn man es sich einfach machen will oder das Know-how für ausgefeilte Kampagnen (noch) nicht hat, kann man auch einfach eine automatische Kampagne schalten und dem Amazon-Algorithmus das Optimieren der Kampagne überlassen.

Alles in allem ist es ein System, das im Vergleich zu anderen PPC-Systemen (Pay-per-Click) aus meiner Sicht einige Vorteile hat – es ist leichter zu handhaben, die Klicks sind tendenziell günstiger als woanders (was natürlich vom Einzelfall abhängt) und die Interessenten sind wesentlich kauffreudiger als bei Google oder Facebook, schließlich befinden sie sich ja bereits in einem Onlinestore.

Im Rahmen unserer Launchprogramme, bei denen wir Experten beim Veröffentlichen Ihres Buches unterstützen, kümmern wir uns natürlich auch um das Schalten der passenden Amazon-Anzeigen. Näheres dazu erfährst du auf der Ressourcenseite zu diesem Buch: https://www.romankmenta.com/autor-werden-ressourcen/

- **Verschiedene Marketingtexte**

Während der Launchphase müssen auch einige Texte für das Marketing geschrieben werden. Die Wichtigsten sind:

    - Die (Amazon-) Buchbeschreibung

- Der Amazon A+ Text
- Pressetexte
- Texte für E-Mails

Für die Platzierung auf Amazon braucht dein Buch noch einen Beschreibungstext, der die interessierten Leser animieren soll, dein Buch zu kaufen. Das ist nicht derselbe Text wie auf der Rückseite deines Buches (du hast online auch mehr Platz für den Text), aber natürlich kannst du bzw. wirst du Teile davon verwenden.

Denselben Text, den du für die Beschreibung deines Buches auf Amazon hinterlegst, kannst du auch für die anderen online Plattformen, auf denen du dein Buch anbietest, nutzen (ggf. musst du ihn kürzen – je nach Plattform).

Ein weiterer Text, der im Amazon-Shop erscheint, ist der Text im sogenannten A+ Bereich. Diesen Bereich findest du, wenn du auf der Amazon-Seite für dein Buch weiter hinunter scrollst (natürlich erst, wenn du diese A+ Seite angelegt hast). Auf Mobilgeräten wird der A+ Bereich sogar oberhalb der normalen Produktbeschreibung angezeigt.

Streng genommen kannst du dort nicht nur einen Text eingeben. Vielmehr ist der A+ Bereich eine Art Miniwebsite für dein Buch innerhalb des Amazon-Shops. Du kannst auf Basis einfacher Vorlagen, Text und Bilder einpflegen und sogar deine anderen Bücher (wenn du welche hast) verlinken. Alles in allem eine praktische und für den Verkauf nicht unwichtige Möglichkeit, dein Buch darzustellen und zu promoten.

Du kannst die Bilder und Grafiken für den A+ Bereich aber auch an den Grafiker auslagern, der dein Cover bzw. dein ganzes Buch gestaltet hat. Das hat den Vorteil, dass diese dann besser zum Buchcover passen. So betrachtet ist das eine sinnvolle Vorgehensweise.

Wenn du klassische Pressearbeit für dein Buch im Rahmen des Launches machen willst, dann brauchst du dafür Pressetexte für Aussendungen an die entsprechenden, thematisch passenden Medien und Journalisten. Pressetexte sollten gewisse, ganz eigene Anforderungen erfüllen. Wenn du diese nicht kennst, oder keine Erfahrung hast im Verfassen von Pressetexten, wäre das etwas, das du auch an jemand auslagern könntest, der von PR viel Ahnung hat.

Sofern du einen E-Mail-Verteiler hast, das heißt also Menschen, denen du regelmäßig deinen Newsletter oder Ähnliches schickst, ist es natürlich ein Muss auch E-Mail-Marketing in deinen Buchlaunch miteinzubeziehen. Dafür kannst du bereits ein paar Wochen vor dem Verkaufsstart die entsprechenden Mails texten und in deine E-Mail-Marketing-Software einpflegen.

Doch Achtung, programmiere den Versand der Mails noch nicht vor, denn es fehlt dir noch der Link zu deinem Buch auf Amazon. Den bekommst du erst, wenn das Buch dort online ist. Wenn du die potenziellen Leser woanders hinschicken willst, in deinen eigenen Shop zum Beispiel, dann hast du den Link vielleicht schon frühzeitig und kannst die Mails schon versandfertig machen, sobald das Cover (die Frontseite) final ist.

Grundsätzlich lautet die Devise: Bereite alles, was möglich ist, schon längerfristig vor, knapp vor dem Launch und währenddessen gibt es ohnehin genug anderes zu tun.

- **Social-Media-Kampagnen**

Das gilt auch für deine Posts auf diversen Social-Media-Kanälen. Ich gehe davon aus, dass du auf dem einen oder anderen vertreten bist. Soweit es möglich ist, mache diese spätestens 1 Woche oder länger vor dem geplanten Launch fertig. Auch hier gilt der Einwand mit dem Link zu Amazon, den du dafür öfter mal brauchen wirst.

Du kannst vor dem Launch natürlich auch Pre-Launch-Posts auf den Sozialen Medien machen. Ganz nach dem Motto „Coming soon" informierst du deine Kontakte schon einmal, dass dein Buch in Kürze erscheint und wärmst so die zukünftigen Leser vor.

Es ist durchaus ratsam, dir für deine Social-Media-Arbeit im Zuge deines Buchlaunches einen eigenen Plan zu machen, damit der gesamte Launchplan nicht überfrachtet wird.

- **Kooperationspartner**

Sehr hilfreich für deinen Verkaufsstart ist es natürlich, wenn dich der eine oder andere Partner dabei unterstützt. Das kann mittels E-Mail-Marketings, eines Interviews in seinem Podcast oder eines Beitrags auf seinem Blog sein. Auch auf Social Media sind alle Arten von Kooperationen zum Buchlaunch denkbar – gemeinsame LIVEs auf Facebook, Instagram oder TikTok, eine Buchverlosung oder eine Erwähnung deines Buches über den Kanal deines Kooperationspartners.

Diese Partner müssen gefunden, angesprochen, für dein Projekt gewonnen und instruiert werden. Damit solltest du sehr früh beginnen, da Menschen oder auch Unternehmen, die dich unterstützen könnten, ihre medialen Aktivitäten teilweise auch bereits mittelfristig planen.

Der Launch

Jetzt ist es so weit. Der Launch ist der Zeitpunkt, auf den du dein gesamtes Buchprojekt ausgerichtet hast. Als Launchtag nehme ich immer den Tag, an dem meine Community erstmals darüber ganz offiziell und über alle möglichen Kanäle informiert wird, dass mein Buch jetzt lieferbar ist. Es ist der Tag, an dem der Startschuss für deinen Launch erfolgt. In diesem relativ kurzen Zeitraum gibt es ein paar Dinge in rascher Abfolge zu tun. Den Launchtermin hast du bereits zum Start deines Expertenbuchprojektes festgelegt. Falls nicht, dann mache es jetzt gleich.

- **Dein Buch LIVE stellen**

Wenn dann dein Cover sowie deine Inhalte final sind, dann kannst du dein Buch auf Amazon und den anderen Vertriebskanälen freigeben. Je nach Vertriebsplattform dauert es dann ein paar Stunden oder auch zwei bis drei Tage, bis dein Buch tatsächlich verfügbar ist. Bei Amazon, aber auch den anderen Vertriebsplattformen ist das typischerweise nicht auf die Stunde genau planbar. Daher solltest du dir ein paar Tage Puffer einbauen. Wenn der offizielle Verkaufsstart deines Buches zum Beispiel ein Montag sein soll, dann ist es gut, wenn es dein Ziel ist, dass es am Donnerstag bereits kaufbar ist.

Wie an früherer Stelle bereits erwähnt, können dann immer noch technische (oder manchmal auch andere) Probleme auftauchen, deren Behebung dich Stunden oder auch ein bis zwei Tage kosten kann – und der Freigabeprozess beginnt dann wieder fast von vorne. Keine Angst übrigens, wenn dein Buch dann vor dem offiziellen Verkaufsstart kaufbar ist. Solange es nicht der nächste Band von Harry Potter ist, ist das vollkommen nebensächlich. Bevor du nicht beginnst über alle deine Verkaufs-, Werbe und Promotion-Kanäle die frohe Botschaft zu verkünden, nimmt es so gut wie niemand wahr – das ist die harte Realität.

Wenn es dir wie mir geht – nach mehr als 25 Büchern immer noch – sitzt du dann gebannt vor dem Bildschirm und prüfst gefühlt alle 5 Minuten (in Wahrheit möglicherweise sogar noch öfter), ob schon etwas verkauft wurde und wenn ja, wie viele Bücher schon über den (digitalen) Ladentisch gegangen sind. Das ist nicht notwendig, aber macht eine Zeit lang Spaß und ist menschlich absolut nachvollziehbar. Aber das Prüfen macht sich bezahlt: Es ist ein unglaublich tolles Gefühl, wenn du siehst, dass die ersten Exemplare deines Buches gekauft wurden.

- **Aus allen Rohren feuern**

Gerade in der ersten Woche nach dem Verkaufsstart ist es wichtig, aus allen Rohren zu feuern, die dir zur Verfügung stehen. Jeder, zumindest jeder in deiner Zielgruppe soll mitbekommen, dass du ein Buch geschrieben hast (sofern er das in den Wochen davor noch nicht bemerkt hat) und dass dieses jetzt kaufbar ist.

Nach dem Launch

Mit dem Verkaufsstart ist dein Launch allerdings nicht beendet. Du bist bestenfalls mittendrin. Jetzt gilt es dranzubleiben und dein Buch, das du ins Rennen geschickt hast, auf Touren zu bringen. Gerade die ersten Tage und Wochen sind für den Erfolg deines Buches besonders wichtig – sowohl online als auch offline.

Bei Amazon spricht man von der sogenannten „Honeymoon-Phase“, in der neue Bücher ein paar Wochen lang bevorzugt und vermehrt als „Neuheiten“ gezeigt werden.

- **Den Launchplan umsetzen**

Einiges von dem, was du in diesem Kapitel gelesen hast, kannst du zwar schon Wochen vor dem Launch vorbereiten, aber erst umsetzen, sobald das Buch online und tatsächlich verfügbar ist.

Die Vermarktung des Buches über Social Media, deinen Newsletter und alle anderen Kommunikationskanäle, derer du dich bedienst, kann erst jetzt so richtig starten. Davor kannst du zwar die Botschaft

„Coming Soon“ platzieren, aber diese läuft noch ins Leere, da interessierte Leser das Buch noch nicht tatsächlich kaufen können. Ausgenommen davon sind die Launches, bei denen das Buch bereits vorbestellbar, also tatsächlich kaufbar ist, aber erst nach dem Launch geliefert wird.

Wie lange soll der Launch andauern? Wenn wir dabei von einem Autor oder einer Autorin sprechen, die vielleicht ein erstes Buch geschrieben haben oder so wie einige Top-Experten alle zwei oder drei Jahre ein Buch herausbringen, würde ich die erste Launchphase mindestens auf zwei Monate bemessen. Das ist die Phase, wo das Buch im Mittelpunkt des medialen Geschehens seitens des Autors steht.

In dieser Zeit wird auf allen zur Verfügung stehenden Kanälen täglich oder zumindest mehrfach wöchentlich über das Buch gepostet. Es laufen Gastinterviews auf Podcasts und es werden Gastblogs auf den Blogs von Kooperationspartnern geschrieben und online gestellt. Wenn klassische Pressearbeit gemacht wird, dann ist es auch die Phase, die man dafür nutzen sollte. Ein Buch ist für Medien typischerweise am interessantesten, wenn es neu ist. Daher gilt es jetzt, Gas zu geben und dranzubleiben.

In unserem Beispielfall würde ich sagen, dass die zweite Phase der Vermarktung, in der im Prinzip die ähnlichen Aktivitäten laufen, nur eben mit abnehmender Intensität sicher noch ein halbes bis dreiviertel Jahr laufen kann und sollte.

Ich beende die Launchphasen für meine Bücher deutlich früher, die erste nach zwei Wochen etwa und die zweite nach vielleicht einem Monat. Ab dann sind die Bücher sozusagen auf sich allein gestellt und müssen sich – unterstützt durch bezahlte Werbung – „von allein“ verkaufen. Das ist allerdings dem Umstand geschuldet, dass ich sehr viele Bücher in kurzer Zeit publiziert habe und es nicht möglich ist, allen so viel und so lange Aufmerksamkeit zu widmen, wie du das kannst und in jedem Fall auch solltest.

Im Folgenden noch ein paar der wichtigeren Punkte, die in diese Phase deines Buchprojektes fallen.

- **Die ersten Rezensionen**

Jetzt ist es unter anderem sehr hilfreich, wenn du recht rasch erste Rezensionen erhältst. Ein Buch mit Rezensionen – idealerweise natürlich positive, solche mit vier oder besser noch fünf Sternen – wird viel eher gekauft. Ganz ohne Sterne wirkt es nackt und zumindest einige Rezensionen, am besten zehn oder mehr, helfen der Conversionrate für dein Buch.

Ich rate dir übrigens massiv davon ab, Rezensionen im großen Stil zu kaufen, wie es leider manche der „Fake-Experten" für ihre Bücher machen. Das ist nicht nur unfair, sondern tatsächlich illegal. Es stellt den Tatbestand des unlauteren Wettbewerbs dar – soweit meine juristischen Kenntnisse reichen. Allerdings spricht nichts dagegen, großzügig Rezensionsexemplare zu verteilen, um im Gegenzug eine Rezension zu erhalten. Einfach nur das Buch zu launchen und auf Rezensionen zu warten ist nicht empfehlenswert, weil es zu lange dauern würde, bis die Ersten eintröpfeln.

Die Rezensionen für dein Buch sind übrigens etwas, das du fortwährend im Auge behalten solltest. Auch im weiteren Verlauf ist es hilfreich – zusätzlich zu den Rezensionen, die von begeisterten Lesern abgegeben werden – potenzielle Rezensenten anzusprechen und um eine Rezension zu ersuchen. Das ist deshalb besonders wichtig, da auch bei deinem Buch vermutlich nicht nur begeisterte Leser eine Rezension hinterlassen werden. Selbst bei den Bestsellern des gesamten

Buchmarktes finden sich kritische 1-Sterne-Rezensionen. Das ist nicht weiter schlimm (wenngleich bisweilen nervig und schon etwas emotional belastend). Du musst nur darauf achten, dass durch eine entsprechende Anzahl positiver Rezensionen das Gesamtbild ein gutes bleibt.

- **A+ Seiten, Ads und Sonstiges**

Die A+ Seite für dein Buch – wenn du über Amazon verkaufst – kannst du jetzt erstellen. Vorbereitet hast du die Texte und Grafiken ja bereits in den vorangegangenen Wochen. Das Anlegen der Seite ist dann nur noch eine Angelegenheit von einer halben Stunde.

Die Werbeanzeigen auf Amazon können jetzt tatsächlich angelegt und die Kampagnen geschaltet werden. Manche meinen, es sei besser, damit zu warten, bis das Buch einige Verkäufe und positive Rezensionen hat, ich starte immer gleich damit, sobald das Buch kaufbar ist, um keine kostbare Zeit zu verlieren.

Die Kampagnen müssen gerade in den ersten zwei bis drei Wochen genauer beobachtet und gepflegt werden. Danach reicht es im Normalfall, wenn du diese einmal pro Monat überarbeitest und optimierst. Ganz abschalten solltest du sie übrigens nie (ausgenommen solche, die gar nicht funktionieren und dauerhafte Verlustbringer sind). Gerade dann, wenn dein Buch nicht mehr ganz neu ist, braucht es die werbliche Unterstützung, damit es sich immer noch verkauft. Ich habe unter meinen Büchern etliche, die sich immer noch regelmäßig verkaufen, obwohl sie bereits ein paar Jahre auf dem Markt sind.

- **Deine Autorenexemplare**

Bei meinem letzten Verlagsbuch musste ich vertragsgemäß 500 Bücher selbst abnehmen. Um einen niedrigeren Stückpreis dafür zu erhalten, habe ich alle 500 auf einmal gekauft. Diese wurden dann per Spedition auf einer Palette bei mir geliefert. Das ist natürlich ein großartiger Moment, den es unbedingt festzuhalten gilt.

Heute mache ich das nicht mehr. Warum auch sollte ich mir 500 meiner eigenen Bücher in meiner Garage, die ohnehin mehr als voll ist, einlagern? Ich bestelle meistens zehn oder zwanzig Stück meines neuen Buches, um für Rezensionen, handsignierte Buchkaufwünsche etc. ein paar vorrätig zu haben. Wie bereits bei den Vorteilen dieser Art des Bücherverlegens, die ich betreibe, erwähnt, kann ich meine eigenen Bücher zu sehr niedrigen Preisen einzelstückweise jederzeit beziehen. Es macht dabei keinen Unterschied, ob ich ein Stück, Hundert oder Tausend bestelle.

Und genau das kannst du machen, sobald dein Buch für Leser kaufbar ist – aber auch nicht vorher, zumindest nicht bei Amazon.

Im Laufe des Launches deines Buches wirst du noch auf etliche Kleinigkeiten treffen, die zu erledigen sind, doch die größeren und vor allem wichtigeren Dinge haben wir hier besprochen.

Zusammenfassung der Phasen

Jetzt hast du einen guten Überblick über den gesamten Ablauf deines Buchprojektes. Du hast die wichtigsten Schritte kennengelernt und kannst – wenn du dich an diesen Plan hältst – dein Buch erfolgreich im Eigenverlag launchen. Natürlich gibt es zu jedem der aufgelisteten Schritte eine Reihe weiterer Punkte, die sehr viel mehr ins Detail gehen. Allein das Thema „Werbung auf Amazon schalten“ würde locker ein Buch füllen (und darüber wurden auch schon einige geschrieben). Doch zu viele Details würden dich in der Phase vermutlich nur verwirren. Mit diesen kannst du dich immer noch beschäftigen, wenn du soweit bist. Im Moment ist es vor allem wichtig loszulegen und die ersten Schritte zu machen – und diese betreffen nicht Amazon-Ads.

Genau dazu findest du auch allerlei Hilfreiches im Ressourcenbereich zu diesem Buch (https://www.romankmenta.com/autor-werden-ressourcen/). Gerne unterstützen wir dich dabei, damit du nicht alle Fehler, die ich gemacht habe, wiederholen musst.

DIE 3 HÄUFIGSTEN FEHLER

Auf die Gefahr hin, mich zu wiederholen, möchte ich zum Abschluss nochmals auf die paar wenigen, aber großen und schwerwiegenden Fehler hinweisen, die du im Rahmen deines Buchprojektes begehen könntest. Das scheint mir deshalb so wichtig, da diese Fehler nicht nur schwerwiegend, sondern auch verbreitet sind.

Fehler #1 – Kein Plan

Ein erfolgreiches Buchprojekt funktioniert wie jedes andere Projekt auch. Damit es erfolgreich wird, braucht es einen Plan, der vielen fehlt. Häufig setzen sich Menschen – aus Lust am Schreiben oder aus einem Wunsch heraus, auch endlich ein Buch geschrieben zu haben – hin und beginnen zu schreiben. Dagegen ist grundsätzlich nichts zu sagen. Ich bin der Letzte, der deine Startenergie und Motivation hemmen oder gar deinen Schreibfluss stoppen möchte.

Es geht einfach darum, diese Energie in die richtigen Bahnen zu lenken. Das spart dir Zeit, Ärger und Nerven – und ja, oft auch eine Menge Geld. Wenn du loslegst, nimm dir daher ein wenig Zeit – ein oder zwei Stunden würden schon sehr viel helfen – um einen ersten Plan für dein Buchprojekt zu erstellen. Dieser muss bzw. wird auch nicht final sein und ganz ins Detail gehen. Es reicht, wenn darin die ersten, grundlegenden und wichtigsten Fragen beantwortet werden, die wir in diesem Buch hier besprochen haben.

Dabei so hoffe ich wird dir dieses Buch helfen. Als Unterstützung dafür liegt im Ressourcenbereich zu diesem Buch der Plan mit den

wichtigsten Schritten, wie wir sie in diesem Buch besprochen haben, für dich zum Download bereit. Solltest du das noch nicht gemacht haben, dann hole ihn dir jetzt gleich hier >>>
https://www.romankmenta.com/autor-werden-ressourcen/

Fehler #2 – Zu viel Fokus auf das Schreiben

Ich weiß, das klingt etwas seltsam. Wie könnte man dem Schreiben, dem wichtigsten Teil eines Buchprojektes zu viel Aufmerksamkeit zukommen lassen? Doch genau das passiert vielen, meist wenig erfahrenen Autoren. Und dieses Übermaß an Fokus wirkt sich auf zwei Arten aus.

Erstens wird durch diesen Fokus das Schreiben des Buches zu einer in der Vorstellung sehr viel größeren Aufgabe als sie tatsächlich ist. Ja, in das Schreiben eines Buches fließen etliche Stunden und ja, es ist wichtig, dass der Inhalt gut oder besser noch exzellent ist. Aber es ist eine absolut machbare Aufgabe, wie ich dir hoffentlich mit diesem Buch anschaulich demonstrieren konnte. Bis zu diesem Moment, in dem ich diese Zeilen hier schreibe, stecken in dem Buch, das du gerade liest, knapp 30 Stunden Arbeitszeit, die ich verteilt auf 25 Tage in kleinen Häppchen erledigt habe. Und ich behaupte, wenn ich das kann, dann können das Menschen, die so ein Buch kaufen und bis hierher lesen (was bereits ein starkes Interesse an dem Thema „ein eigenes Buch“ zeigt) auch schaffen. Und wenn es etwas länger dauert, zwei Monate oder auch drei – sei es drum. Aber es dauert kein Jahr oder gar mehr.

Zweitens wird durch den übergroßen Fokus auf das Schreiben die Aufmerksamkeit von dem anderen mindestens genauso wichtigen Teil deines Buchprojektes – dem Vermarkten bzw. Verkaufen – abgezogen, was uns nahtlos zum nächsten großen Fehler bringt.

Fehler #3 – Zu wenig Fokus auf der Vermarktung

Gerade Experten, die mit Verkauf und Marketing gar nichts am Hut haben, lassen sich gerne von diesen Aufgaben ablenken und widmen sich mit Hingabe dem Inhalt ihres Buches. Teilweise verlassen sie sich darauf, dass andere diesen Part übernehmen (ein Verlag zum Beispiel), die das dann aber nicht oder nicht mit der nötigen Energie machen. Warum das so oft nicht funktioniert, haben wir an einer früheren Stelle bereits ausführlich besprochen. Oder sie hoffen, dass sich das Buch auch ganz einfach so von selbst verkaufen wird, da es ja ein gutes Buch ist. Und Hoffnung ist an sich nichts Schlechtes, erstickt aber oft Aktivität im Keim.

Gerade Autoren, die gedanklich sehr tief in ihrer fachlichen Materie stecken, sitzen oft dem Irrglauben auf, dass es reicht, wenn es ein Produkt gibt, das gut ist, damit Kunden es kaufen. Diesen Irrglauben haben sie natürlich nicht nur, was Bücher angeht, sondern auch auf andere Produkte oder Leistungen bezogen. Gerade in technischen Bereichen, aber nicht nur, finden sich solche Denkweisen häufiger als anderswo.

Vielleicht ist das deshalb so, weil es in manchen technischen Bereichen – in weiten Bereichen des Handwerks zum Beispiel – in den letzten Jahren tatsächlich nicht nötig war, seine Leistung zu vermarkten bzw. zu verkaufen. Handwerker, vor allem gute und zuverlässige, waren und sind schwer zu finden, wie vermutlich jede Leserin und jeder Leser auch schon selbst leidvoll erfahren durfte. Andererseits gehe ich davon aus, dass Menschen, die so sehr damit beschäftigt sind, die vielen Kundenaufträge abzuarbeiten, im Normalfall ohnehin keinen Gedanken daran verschwenden, ein eigenes Buch zu schreiben. Diese haben vorher noch ein paar andere Themen zu lösen, um mehr Unternehmer sein zu können und AM Unternehmen, statt ausschließlich nur IM Unternehmen zu arbeiten.

Oder aber sie verschieben die Vermarktung auf später. Und später ist oft zu spät und erschreckend oft dann auch niemals. Mit dem Resultat, dass ein fertig geschriebenes Buch auf Nimmerwiedersehen in einer Schublade oder heute vermutlich eher in einem Unterordner irgendwo auf der Festplatte verschwindet. Oder aber – und da stellt sich die Frage, was schlimmer ist – ein Berg Bücher gedruckt wird, der dann in deinem Keller oder deiner Garage verstaubt.

Daher werde ich nicht müde zu wiederholen: Die Vermarktung eines Buches ist mindestens so wichtig wie das Schreiben selbst.

DIE NÄCHSTEN SCHRITTE

Damit wären wir im Großen und Ganzen durch mit dem Thema Buchprojekt. Natürlich gibt es noch jede Menge Details, die sich hinter jedem einzelnen Punkt in diesem Buch verstecken. Manche dieser Details füllen eigene Bücher. Wenn du dich zu einzelnen speziellen Themen für dein Buchprojekt genauer einlesen willst, findest du eine nahezu unüberschaubare Fülle von Spezialliteratur.

Ich selbst habe vieles davon gelesen (und mache das immer noch), mir sicher ein paar hundert Stunden an Podcasts und Videos dazu angehört (meist im Auto), mich von Menschen, die im Thema Selfpublishing und Bücher produzieren und vermarkten schon weiter als ich waren coachen lassen und werde all das auch weiterhin machen.

Ich hatte auch überlegt, dazu weitere, mehr ins Detail gehende Bücher zu schreiben, es aber aus zwei Gründen nicht gemacht. Erstens gibt es da wie gesagt bereits einiges und ich konzentriere meine eigene Tätigkeit als Autor lieber auf andere Themen.

Zweitens – und das ist der wesentlich wichtigere Grund – stelle ich immer wieder fest, dass Bücher zwar Impulse setzen und Wissen vermitteln können, die Leserinnen und Leser dann aber erschreckend wenig das Gelesene umsetzen – und dabei nehme ich mich selbst nicht aus.

Wenn ich selbst in meinem Business etwas verändern und voranbringen will, dann klappt das immer am besten, wenn ich mir jemanden dazu hole, der mich begleitet. Von so einer Person kann ich unmittelbar und ganz rasch lernen und erspare mir unnötige Umwege und Fehler, die mein Begleiter bereits gemacht hat, denn Zeit ist immer noch auch Geld.

Darüber hinaus fällt es mir dann auch leichter, an meinem Ziel dranzubleiben und meine Maßnahmen umzusetzen. Immerhin habe ich mich jemand anderem gegenüber verpflichtet, das zu tun – und Versprechen, die wir anderen gegenüber geben, halten wir eher als solche, die wir nur uns selbst geben, wie du vielleicht auch schon festgestellt hast. Und wenn wir dann auch noch Geld in diese Begleitung investiert haben, steigt die Motivation der Umsetzung deutlich, sonst wäre es ja verschwendetes Geld.

Daher habe ich gemeinsam mit meinem Team Programme erstellt, für all diejenigen, die ihr Expertenbuch publizieren wollen und das hochgradig selbstbestimmt ohne ewiges Warten darauf, ob man einen Verlag findet und bis dieser das Buch dann ein bis zwei Jahre später herausbringt.

Wenn du so jemand bist, dann schau hier vorbei: https://www.romankmenta.com/autor-werden-ressourcen/ . Jetzt, während ich diese Zeilen schreibe, kann ich dir noch nicht genau sagen, was du dort findest, da du dieses Buch möglicherweise Monate oder sogar Jahre später liest. Daher schreibe ich auch keine Details in dieses Buch. Wir sind gerade dabei, das Programm im Vergleich zum letzten Jahr gänzlich umzugestalten und auf neue, noch sehr viel erfolgversprechendere Beine zu stellen. Und der Maßstab für den Erfolg dieser Programme bist du (wenn du diese Unterstützung in Anspruch nehmen willst) oder besser gesagt der Erfolg deines Buches und die Erfolge, die du mit deinem Buch (oder auch deinen zukünftigen Büchern) haben wirst.

Was immer wir bieten, ist nicht in Stein gemeißelt, sondern wird auf Basis der Erfahrungen unserer Teilnehmer und unserer Erkenntnisse daraus laufend verbessert und erweitert. Wenn du jetzt vorbeischaust, erfährst du den aktuellen Stand.

In jedem Fall sind es Programme, mit denen wir dich metaphorisch betrachtet an die Hand nehmen und dich in einfach zu bewältigenden Schritten durch dein Buchprojekt führen, mit dem Ziel, gemeinsam mit dir nicht nur ein großartiges Buch, das dein Business riesige Schritte voranbringt, sondern vielleicht sogar einen Bestseller zu produzieren.

Ich freue mich, dich persönlich kennenzulernen.